ウイグル語

Uyghur Tili

阿依 サリタナ 著

木田 章義 監修

刊行に寄せて

　ウイグル人の住む地域に、どのような文化があり、どのような言葉を話しているかはあまり知られていません。

　中東から西南アジアにかけては、古くから文明が発達しましたが、ヨーロッパ中心の歴史でも、中国中心の歴史でも、その端にあって、その歴史からほとんど漏れています。そのためにこれまでの欧米中心、中国中心の歴史だけでは見えなくなっています。

　トルコから東へ、アゼルバイジャン、トルクメニスタン、カザフスタン、ウズベキスタン、キルギスと連続してテュルク系民族の地域が帯のように続いています。歴史上、西ではトルコがヨーロッパと戦い、東ではウイグル、モンゴル、チベットの地域で常に抗争がありました。近代ではロシアの進出で、更に複雑な状況になっています。

　この帯のように連なる民族はテュルク系の言語を使用しており、これらの言語はアルタイ語族に属しています。ヨーロッパと中国の間の広大な地域に兄弟言語が広がっており、基本的によく似た社会が営まれています。こういう大きな世界が広がっていることも日本ではほとんど知られていません。

　注目すべきことは、その文法は日本語とそっくりなことです。例えば、「私は昨日兄の店に行った」という文章なら、その日本語の順番にウイグル語を並べていけばよいのです。

　　私は 昨日　　兄 -の 店　-に 行っ-た。
　　men tünügün akam-ning dukini-gha bar-dim.

　このようにほぼ同じ語順であり、助詞や助動詞が接続するところも似ています。「行かなかった」なら「ない」に相当する接辞[mi]を動詞に加えて[bar-mi-dim]となります。

2

この日本語文法にそっくりのアルタイ系言語の帯はウイグルで止まるものではなく、ウイグルからアルタイ山脈を越えてモンゴル語、そして満州語と連なり、朝鮮語、そして日本語へと続いています。つまり日本から西へ進んでゆくと、朝鮮半島、満州、モンゴルを通じて、トルコまで同じ文法類型の言語の帯が続いているのです。これは大変興味の引かれる現象です。

　興味深いのは言語だけではありません。これらの民族はシルクロードの民として、またオアシスの民としてシルクロードの交易を支え、華やかな文化を創り上げてきました。シルクロードの終着点としての日本にもガラス製品や楽器など多くの宝物が正倉院に所蔵されています。

　歌と踊り、おいしい果物と羊肉などの食生活、絨毯と玉などの発達した工芸品。ウイグル族は豊かな自然の恵みを享受してきた温和な民族です。ユーラシア大陸のど真ん中に、このような興味深い民族や文化があるのに、日本ではほとんど知られていないのは、ウイグル語やウイグル文化が紹介される機会が少ないからでしょう。

　ここにウイグル語やウイグル文化を紹介する書物を出版する意味があります。まずは概説的な、手ほどきからはじめて、ウイグル語、ウイグル族、そしてその西に広がるテュルク系言語や文化を知る手がかりを提供することによって、日本人が世界をより広く正確に学ぶ機会を提供できるでしょう。

2023年9月

京都大学名誉教授　木田章義

もくじ

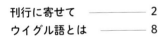

この本のウイグル語表記（綴り）は、2011年出版『詳解現代ウイグル語辞典』（第二版）に基づいています。

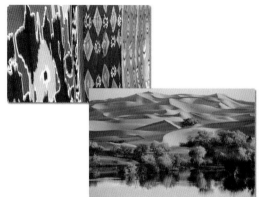

3章 文法 ──────────────────────────── 150

4章 ウイグル語と日本語 ——215

著名ウイグル人の名言集

時代を超えて人々から愛されているウイグル
著名人を紹介した『著名ウイグル100人名人集
①・②巻』より、心に響く言葉を紹介します。

『著名ウイグル100人名人集　①・②巻』
トルコの Sutuq bughraxan 出版発行

ウイグル語とは

　ウイグル語は中国西部にある新疆ウイグル自治区から、中央アジアのカザフスタン、ウズベキスタン、キルギスタン、タジキスタン、トルクメニスタン、アゼルバイジャンなどの国々に住む、2千数百万のウイグル民族によって話されているテュルク諸語 (トルコ系諸語、Türük tilliri) の一つです。このテュルク諸語には、ウイグル語以外に、トルコ語、アゼルバイジャン語、カザフ語、トルクメン語、ウズベク語、キルギス語、タジク語、タタール語、カラカルパク語などの言語が含まれます。

　テュルク諸語は大きく5つに分類されます。
・南西語群 (オグズ語群)
・南東語群 (カルルク語群)
・北西語群 (キプチャク語群)
・北東語群 (シベリア・テュルク語群)
・ブルガール語群 (オグール語群)
現代ウイグル語は「南東語群 (カルルク語群、Qarluq til guruppisi)」に入ります。13〜

17世紀のカシュガルを中心とした地域で広く用いられた「チャガタイ・テュルク語」を元にした言語といわれ、ウズベク語もこの語群に入ります。トルコ語は「南西語群 (オグズ語群)」に分類されています。

　現代ウイグル語はペルシャ語やアラビア語からの影響が残っており、文法要素や借用語も少なくありません。近代になるとロシア語や中国語からの借用語も多くあります。そのために他のテュルク諸語と比べて、比較的不規則な現象があり、母音調和 (➡P.153) もかなり曖昧になっています。

<歴史>

　現在知られている最も古いウイグル語は、現在のモンゴル国のオルホン川流域に残された、オルホン碑文と呼ばれる一群の碑文に書かれた言葉です。テュルク系民族の国家「突厥」(6〜8世紀) の突厥第二可汗国時代に建造されたもので、突厥文字で書かれています。突厥の勢力はアラル海付近から中国東

テュルク語を話す地域

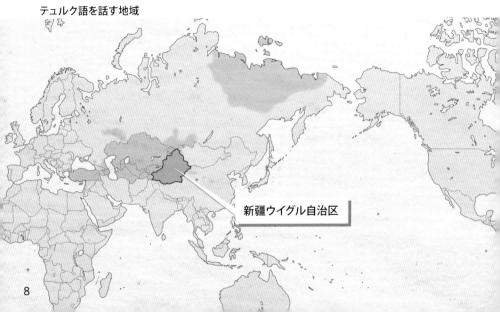

新疆ウイグル自治区

北部の大興安嶺山脈付近までの広大な土地を勢力範囲としていました。中国では隋、唐の時代にあたります。突厥は自分たちを「テュルク (türük)」と呼んでいました。突厥と入れ替わりに興ったのが同じテュルク系民族の「ウイグル可汗国」(744〜840年) です。モンゴル高原からジュンガル盆地一帯を勢力とする騎馬遊牧民国家で、この時代のウイグル語を「古ウイグル語」と呼びます。

9世紀にウイグル可汗国が、北方からのキルギス族の攻撃によって崩壊すると、モンゴル高原から中央アジアのオアシス地域へとテュルク系民族は大移動を始めます。ウイグル人は移動した先で、甘州では甘州ウイグル王国 (9〜11世紀)、天山山脈東部には西ウイグル王国 (9〜13世紀)、そして天山山脈北麓ではカルルク部族と連合してカラハン朝 (10〜13世紀) を興します。13世紀にモンゴル帝国に征服された際も、ウイグル族の文化は滅ぶことなく、逆にモンゴル帝国の政治・経済・文化・宗教などあらゆる面に大きな影響を与えました。その後、ジュンガル盆地から中央アジア一帯には、チンギスカンの次男によってモンゴル帝国の中の一国であるチャガタイ汗国が興こります。この時代に支配者のモンゴル族の間にもテュルク (トルコ) 語が広がっていき、イスラム化も進みました。

次に中央アジアを支配したティムール朝の時代には、首都のサマルカンドを中心にした地域一帯がイスラム世界の中心となり、文化も芸術も大きく発展しました。テュルク文学もペルシャ文学もこの時代に大いに栄え、「チャガタイ・テュルク語」がこの地域の共通の言語として使われるようになります。

9世紀のウイグル可汗国崩壊後、国を構成していたウイグル人などテュルク系民族は、モ

7〜8世紀に建てられたオルホン碑文。左はキョル・テギン碑文。右はトニュクク碑文に刻まれた突厥文字。

ンゴル高原から中央アジアへと移住し、その地のテュルク系民族やペルシャ人、アラブ人、ソグド人、さらにはテュルク化したモンゴル人なども取り込み、影響し合いながら、各地域それぞれ固有に民族的な変容を遂げていきます。このウイグル人たちの中央アジアへの広がりのなかで、「古ウイグル語」もまた、ペルシア語やアラビア語の語彙語法を取り込み変化し、「チャガタイ・テュルク語」が形成されます。それはやがて現代ウイグル語をはじめ、カザフ語、ウズベク語、キルギス語などの現代のテュルク諸語へと分岐していきます。

また、中央アジアではなく東へと逃れた一部のウイグル人の間では、イスラム教やペルシャ文化の影響を受けることなく、古ウイグル語の姿をとどめた言語が使用されていました。テュルク語の中ではやや特殊な方言で、現代ウイグル語とは異なりますが、数詞など重なる部分もあり、基本文法にはそれほど違いがありません。現在のシベリア地域と中国甘粛地方 (ユグル族、または、「Sériq Uyghur：黄色のウイグル」と呼ばれる) にあたります。

一般的にテュルク系言語は、外来要素を除くと、変化の少ない言語のようです。オグール語群のチュヴァシ語以外は、慣れればだいたいの意味は分かる方言程度の差です。

9

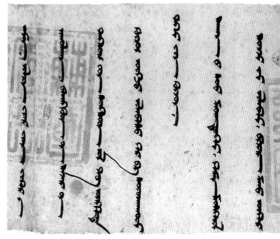

№	но鄂爾баら	лер赖尼	№	ноза赖尼	лер赖尼
1			21		
2			22		
3			23		
4			24		
5			25		
6			26		
7			27		
8			28		
9			29		
10			30		
11			31		
12			32		
13			33		
14			34		
15			35		
16			36		
17			37		
18			38		
19			39		
20			40		

5世紀から使用された突厥（古テュルク語）のアルファベット Orxun-Énsay（Türük-Ronik）文字。

8世紀からソグド文字を改良して作成された古ウイグル文字（Qedimqi Uyghur Yézighi）。

9世紀の占卜書『イルク・ビティグ（Irk Bitig）』。占いに関する写本で、古テュルク文字（突厥文字）で書かれている。

＜現代ウイグル語の文字＞

　現代ウイグル語の文字は、主として新疆ウイグル自治区で用いられているものです。

　P.9で触れたオルホン碑文に書かれた「突厥文字（オルホン文字：Orxun-Énsay、テュルク・ルーン文字：Türük-Ronik）」は、5世紀以降ユーラシア大陸中に広がりましたが、今は断片的にしか残されていません。

　続いてウイグル可汗国時代に、ソグド文字をベースとした「古ウイグル文字（Qedimqi Uyghur Yézighi）」が作られます。この文字はソグド語と同じように縦書きでも横書きでも用いられました。横書きの場合には右から左へ（英語とは逆）、縦書きの場合は左から右へと書いていきます（日本語と逆）。8世紀頃から中央アジアで用いられ、16世紀頃にはあまり使われなくなりました。この古ウイグル文字から、13世紀にモンゴル文字が作られ、16世紀にはそのモンゴル文字から満州文字が生まれました。モンゴル文字は現代でも内モンゴル自治区で用いられています。

縦書きのウイグル文字。13世紀のモンゴル帝国のハン国のひとつであるイルハン朝の第4代君主アルグンから、フランス王フィリップ4世に送られた親書。（出典：Wikimedia）

11世紀後半頃から、アラビア文字を利用したアラビア式ウイグル文字が使われるようになります。カラハン朝（10〜13世紀初頭）のカシュガルでは、『クタドゥグ・ビリグ（幸福になるための智慧）』（1069/70年、Yüsüp Xas Hajipユースフ・ハーッス・ハージブによる哲学的長編物語詩）や『テュルク語集成（大辞典）』（1075年、Mehmud Qeshqeriマフムード・カシュガリー編纂）などが書かれ、テュルク語をペルシア式のアラビア文字で表記しています。このペルシア式のアラビア文字は「チャガタイ・テュルク」文字とも呼ばれていますが、アラビア語の表記法を真似ているので、[a][e]以外の母音は表示されず、ウイグル語を表記するには不便なものでした。しかし一つの音に対して一つの文字があてられるなど、少しずつ改良され、現代のアラビア式ウイグル文字のような表記体系となって、1920年頃まで使用されていました。

　1950年代にはウイグル地域でも一時キリル文字（ロシア語などに使われる文字）が採用されました。1959年には中国語に使われる拼音式の文字とウイグル語用の新文字を組み合わせた「ラテン式文字」セットが作られ、1960年から1982年までは採用されましたが、あまり普及しませんでした。1982年には再びアラビア式ウイグル文字へと回帰しました。

ユースフ・ハーッス・ハージブの著書『クタドゥグ・ビリグ』の写本。現存する写本3冊（15〜16世紀）のうち、上はカイロ本でアラビア文字で書かれており、下はウィーン本と呼ばれ古ウイグル文字で書かれたもの。

1990年から出版し続けられていたウイグル語詳解辞典。

　最近ではインターネット上の需要もあり、新たなラテン文字の必要性が高まり、2000年末から「新疆ウイグル自治区民族言語用語正規化委員会」が、新疆大学の言語研究者、コンピューターの専門家などを集めて、コンピューター用ラテン文字について議論を始めました。この会議はその後何度も開かれたようで、私の同級生も参加していました。そして2008年には、普通のキーボードの文字だけでウイグル語を表記できるように、新しい「ラテン文字」が制定されました。そのお陰で、インターネットでもラテン文字を使ってウイグル語を書けるようになりました。本書もそれに従っています。

11

第1章

ウイグルへ
ようこそ

テュルク系の言語であるウイグル語を話し、
砂漠に点在するオアシスに暮らすウイグル族。
厳しい自然と清らかな水の恵みを享受する
ウイグルの地とそこに暮らす人々の営みを紹介。

Uyghurgha Xush Keldingiz!

نۇيغۇرغا خ

1442年頃に建てられたカシュガルのイスラム寺院エイティガール・モスク。ウイグル最大の規模を誇る。

人とラクダが行き交う
タクラマカン砂漠

タクラマカン砂漠を横断するラクダのキャラバン隊。

火焔山を背に休息をとるラクダ。

砂砂漠としては世界最大ともいわれるタクラマカン砂漠。

ウイグル語で「美しい装飾画のある丘の中腹」を意味する
ベゼクリク千仏洞。

モスク・エミンミナレット。1778年に建てられた。

交河故城の北に位置する仏塔。

トルファンの街にはモスクが点在している。

高昌国旧市街の遺跡群。紀元前1世紀頃に建設され、13世紀末に焼失した。

紀元前2世紀にトルファンの西部に建てられた交河故城（Yarghol qedimqi sheher）。

街の中心地から北東にある長さ約8kmにおよぶ葡萄溝。

甘味たっぷりのトルファンのブドウ。

古くから栄えたシルクロードの要衝
トルファン

カシュガルの旧市街。靴や帽子、楽器などを扱う職人街は観光客に人気。

日曜に開催される大規模な家畜市場。

ウイグルの西南部に位置するカシュガルはウイグル民族が人口の8割以上を占める。

右は8世紀の古い建物の上に建てられた最大のモスク——エイティガール・モスク（Héytgah meschit）。

ウイグル人の営みが
感じられる古都カシュガル

バザールではさまざまな種類のドライフルーツが並ぶ。
© Marco Ramerini

アパク・ホージャ廟。

雄大な山脈とオアシスの恵み

アルタイ山脈の南麓に位置するカナス湖。

天山山脈の一角ではカザフ遊牧民が暮らす。

トルファンにある2000年前に築かれたカレーズ（地下水路）。天山山脈からの雪解け水が流れる。

ウイグル語で「テンリ・タグ」と呼ばれ、天の山を意味する天山山脈。

崑崙山脈を抜ける山岳道路。

ウイグル楽器Dutar（ドゥタール）で演奏するクチャ市の著名な民間芸能家ニサハン。　© 大村次郷

ウイグルに古くから
伝わる伝統的な
舞踊スタイル。

ウイグル族の
成熟した文化

伝統的な民族楽器を制作するワークショップ。　© Epel

エトレス（アトラス）シルクを織るウイグル族の職人。　© Kirill Skorobogatko

騎馬民族であるカザフ族によるヤギを奪い合う馬上遊戯。

オアシスに暮らす ウイグル族の日常

バザールの一角にある鉄工房の職人。

カシュガルの旧市街で売られているゴマ付きのおいしいナン。

ドッパ（花帽子）を被る少女。
© Marco Ramerini

ラム肉の串焼きkawap（カワーブ）はウイグルの定番料理。

ウルムチのランドマーク、国際大バザール。

ウイグルの民族楽器、ドゥタールが並ぶ。
© a little snail

© a little snail

ラム肉と人参を一緒に炊き込んだウイグルのピラフPolo（ポロ）。

観光客向けにカラフルなシルクを販売する。
© Chirawan Thaiprasansap

トルファンの地下水道──Kariz（カレーズ）から流れてきた冷たいおいしい水。

バザールへメロンを売りに行く老人。

シルクロード・オアシスの道

シルクロードとは全長6400kmにもおよぶ東洋と西洋を
結ぶ交易路です。東からは絹や絹織物、茶や磁器が、
西からは馬やワイン、金などが運ばれました。そのうち、
タクラマカン砂漠に点在するウイグルのオアシス都市
を結ぶ道を「オアシスの道」といいます。代表的なのが、
天山山脈の南麓を通る「天山南路」と北麓を抜ける「天
山北路」、そして砂漠の南を通る「西域南道」です。
それではルートごとに紹介します。

ロシア

Qanas
カナス湖

アルタイ
Altay

ジュンガル盆地

バルハシ湖
（バルカシ）

カザフスタン

Sayram
サイラム湖

P.28～
天山北路

ウルムチ
Ürümchi　天洋
　　　　　火

Qorghas　イリ Ili　イリ川
コルガス峠　グルジャ
　　　　　Ghulja

天 山 山 脈 Tengri taghliri

トルファ
Turpa

アルマトイ

ビシュケク

キルギス

P.31～
天山南路

キジル石窟　クチャ
　　　　　Kucha

コルラ
Korla

シケント
サマルカンド

ウズベキスタン

カシュガル
Qeshqer

アトゥシュ

タクラマカン砂漠

ミーラン

タリム盆地

タジキスタン

イェンギサール
Yéngisar

カラクリ湖

ヤルカンド
Yarkent
（イェケン Yeken）

Qaraqash derya
カラカシュ川

Yurungqash derya
ユルンカシュ川

チャクリッ
（チャルクリ
Chaqilic

カグリック

チェルチェン
Cherchen

アフガニスタン

西域南道
P.34～

ホータン
Hoten
（Xoten）

崑 崙 山 脈 Koylun taghli

ニャ
Niye

パキスタン

バーミヤン

チベット自治区

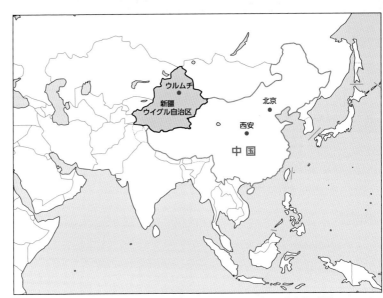

新疆ウイグル自治区は、中国の北西部に位置している。

山脈 Altay taghliri

モンゴル

コムル（クムル）
Qumul

チャン
ichan

プ・ノール

敦煌
甘寧省

河西回廊

西安

UYGHUR MAP
ウイグルマップ

青海省

中華人民共和国

天山北路

天山北路は天山山脈の北麓を通り、草原の道やステップルートとも呼ばれる。

　天山北路は、東からQumul（コムル／クムル）地方を起点に、Ürümchi（ウルムチ）を通って、北部のイリ地方に到るルートです。天山山脈以北の地区とも呼ばれ、ジュンガル盆地周辺のオアシスを結びます。国境であるQorghas（コルガス）峠を越えると、中央アジアのカザフスタンのアルマトイ、キルギスのビシュケク、ウズベキスタンのタシケントやサマルカンドなどの主要な都市に到ります。古くからテュルク系諸民族やモンゴル系の遊牧民が分布した草原が広がります。

Altay taghliri [アルタイ山脈]

　ウイグル北部に位置するアルタイ山脈は、太古の昔にインドプレートがユーラシア大陸と衝突し、ヒマラヤ造山運動によって地盤が隆起してできた高山地帯です。垂直に立つ2000m〜3000m以上の峰々が連なり、一年を通じて雪が見られます。氷河や雪解け水が流れ込むqanas（カナス）湖やértish derya（エルティシ）川などは大変美しく、自然が生み出した景勝地です。

麓に広がる森林と草原は天然の牧場となり、馬、牛、羊などが飼育されています。ウイグル、カザフスタン、キルギス、モンゴルの遊牧民の多くは、現在も移動しながら昔ながらの放牧を続けています。

　アルタイ山脈は西シベリア、モンゴルにもまたがり、全長2000kmにもおよびます。ウイグル自治区内は約500kmで、天山山脈との間にジュンガル盆地、ゴビ砂漠があります。アルタイ山脈の南西麓は、テュルク系民族の発祥の地であり、古くからAltun tagh（アルトゥン・タグ）「金山」として知られてきました。モンゴルでも同じく「金の山」と称され、実に多くの金や有色金属、レアメタルなどの資源鉱物が採掘されています。国内産出量はトップクラスです。アルタイ山脈周辺のアルタイ地区には、アルタイ市と六つの県が含まれています。

氷河の侵食と堆積作用によってできた
カナス湖。三日月の形をしている。

28

Qumul [コムル／クムル]

　天山山脈の最も東に位置するオアシスです。内陸の甘粛省と接し、古くはウイグル人の政権であるコムル（クムル）王国*があった街です。天山北路の要衝として栄え、Pichan（ピチャン）という街が隣接しています。ブドウやメロンに似たハミウリの生産地として大変有名です。

※中国ではハミ王国と呼ばれることもあります。

コムル（クムル）王国の歴代の王と王族が眠るコムル王陵。右の建物は第7代モハメド・ビシルの王廟。左は17世紀初頭に建造されたエイティガールで、祭りの際には多くのイスラム教徒が訪れる。
©suronin

Ürümchi [ウルムチ]

　天山山脈の北麓にあるジュンガル盆地の東端に位置するウルムチ市は、新疆ウイグル自治区の首府です。四方の海から2300km以上も離れているので、世界で最も海から遠い都市として知られています。

　中央アジア最大の都市であり、人口は約450万人。ウイグル族、カザフ族、ウズベク族などのテュルク系民族と、漢民族、回族、モンゴル族などの42の民族が暮らしています。古くから、テュルク系民族が居住している西域東部の首都でもありました。現在、中国とユーラシアを結ぶ東西交易の中心地として発展を遂げています。ウルムチという言葉はモンゴル語に由来した地名で「美しい草原」を意味します。

天山区にあるウルムチの国際大バザール。さまざまなウイグルの名産品が並びイベントも行われる。
©Jarung H

標高919mの高原に位置する中央アジアで最大の都市。

天山山脈に源を発し、カザフスタン東部のバルハシ（バルカシ）湖に注ぐイリ川。

Ghulja [グルジャ]

　グルジャはイリ・カザフ自治州の州都です。かつては匈奴やテュルク系民族である烏孫や古いペルシャ系の民族（月氏）が争った地でもあります。天山山脈の北、ウイグル中央部の西端にあり、大半が草原地帯で緑の大地が広がっています。そのためこの地域から産出された馬は、長年中国に輸出されていたほか、リンゴや小麦、ゴマや石炭などの産地でもあります。また、大河であるイリ川は、街の人々にとって癒しの場所として有名で、カザフスタンのバルハシ（バルカシ）湖へと注いでいます。

　現在、グルジャの街はさまざまな民族が共存しています。ウイグル族、カザフ族、ウズベク族、回族、漢民族、モンゴル族が定住しているほか、オロス族（ロシア族）、シベ族などもいます。イリ・カザフ自治州にはイリ地区以外に西北部のタルバガタイ地区とアルタイ地区も含まれています。隣接するカザフスタンとの貿易は非常に盛んで、シルクロードの大都市となっています。

イリ地方の中心グルジャ市街地。行政や工業の中心であり、農業も盛ん。

雪を頂いた天山山脈を望むSayram（サイラム）湖。

西遊記でもおなじみの火焔山。砂岩が浸食してできた独特の地肌が特徴。

天山山脈の南麓を進む古代から農耕社会が発展してきたオアシスを結ぶ交易路です。東部の Qumul（コムル／クムル）からトルファンを経て、クチャ、さらに西のカシュガルへ続きます。この天山南路は仏教遺跡が多く残り、イスラム教と仏教が融合した古代オアシスの様相は多くの旅人たちを魅了しています。まさにシルクロードの大動脈ともいえます。

Tengri taghliri ［天山山脈］

新疆ウイグル自治区の中央を横切る東西に長く広がる山脈群で、隣国のキルギスとカザフスタンまで連なっています。ウイグル語では Tengri tagh（テンリ・タグ：天山）と呼ばれ、大変美しい草原や牧場が数多くあります。山脈の一部は南西部に延び、パミール高原と繋がります。南にはタクラマカン砂漠が広がります。天山山頂からの雪解け水は乾燥地帯の各オアシスに流れ込み、カレーズ（地下の水路）を通じて周辺地域の灌がいに利用されています。

天山山脈の東端、ブグダ／ボゴダ山の北麓にある氷河湖「Bughda köli（天池）」。　©beibaoke

778年に建てられた高さ
35mのエミンミナレット
（蘇公塔）。

※ミナレットとはイスラム
　教施設の尖塔のこと。

Turpan ［トルファン］

　トルファンはウイグル語で「人と物が豊かな地域」を意味します。天山山脈南の盆地に位置し、天山北路と南路の分岐点で古くから交通の要衝として栄えてきたオアシス都市です。漢民族が支配した「高昌国（Qara Xoja）」やウイグル人が支配した「西ウイグル王国」、モンゴルの「チャガタイ汗国」などが存在し、異文化が共存した地域でもあります。著名な仏教遺跡として交河故城や高昌故城、ベゼクリク千仏洞が挙げられます。また、西遊記に登場した火焔山は観光の名所となっていて、仏教を求めインドへ遠征した玄奘三蔵もこの灼熱の地を訪れています。

　トルファンは世界で二番目に低い盆地で、海抜マイナス150m。火州とも呼ばれるほど暑いオアシスです。天山山脈からの雪解け水は地下水として利用され、数百kmにもおよぶカレーズ（地下水路）を通じて熱い大地を潤しています。トルファン周辺では、ウイグル人の手によって高品質のブドウが広く栽培されています。

火焔山の中腹にある仏教石窟、ベゼクリク千仏洞。

［火焔山］

　シルクロードの重要な要塞であったトルファンの東端に100kmも続くYalqun Tagh（ヤルクン・タグ：赤い山）と呼ばれる山があります。火焔山ともいい「西遊記」の舞台に登場することで有名です。真夏には地表温度が60度を超える灼熱になり、山肌に風化浸食された凹凸の縦筋が、まるで山が燃えているかのように見えます。そのため海抜500mにしかないこの山には誰も登ろうとはしないのです。

火焔山の西側の渓谷には川が流れ、「葡萄溝（Buyluq）」と呼ばれるブドウの一大産地。夏には緑色の帯状にブドウ棚が延びる。

Kucha ［クチャ］

天山南路のほぼ中間に位置するオアシスです。古来より東西交通の中継地として知られ、独自の発展を遂げました。匈奴をはじめ後漢、唐、チベットの支配を受けながら9世紀以降はウイグル化しましたが、クチャ周辺には多くの仏教遺跡が点在します。3世紀から11世紀までに、Qizil（キジル）、Kumtora（クムトラ）などの石窟寺院に多くの壁画が描かれました。4世紀末にクチャで生まれたKumarajiva（クマーラジーヴァ：鳩摩羅什）は、長安で「法華経」をはじめ多くの仏典を漢訳し、インドから伝来した仏教の基礎を築き大乗仏教を修めた傑僧として知られています。

クチャの音楽が有名で、弦楽器である琵琶はインドからクチャを通じ、中国、日本に伝わったとされています。現在、市内に

キジル千仏洞、キジル石窟寺院とも呼ばれるウイグル最大の石窟。手前にはクマーラジーヴァ像。　©Chirawan Thaiprasansap

は多くのモスク（イスラム寺院）があるなどイスラムの文化が色濃く、バザールも賑わっています。綿が多く栽培され、南疆における商業の中心地の一つになっています。

Qeshqer ［カシュガル］

タクラマカン砂漠の西端に位置します。古くから中央アジアはもちろんインド、パキスタン、中国本土から延びる主要な幹線が交わるシルクロードの一大貿易地として栄えてきました。イスラムの拠点都市として発展し、市内には歴史的な文化遺産が多く見られます。新疆最大のイスラム寺院で

あるエイティガールや楽器と手工芸の職人街、活気あふれるバザール、日曜の家畜市場などがあり、ウイグル民族の日々の営みが感じられる街です。

カシュガルの標高は1200mでイチジク、アンズ、モモなどの果実がとれます。

カシュガルの街から東に5kmほどにあるアパク・ホージャ廟。

西域南道

[タクラマカン砂漠]

タリム盆地にあり、面積は32万㎢以上。砂砂漠(すなさばく)としては世界最大ともいわれる。

　西域南道は、タクラマカン砂漠を通り西洋へ抜けられる最短ルートですが、その道のりは大変に険しい砂の道です。歴史は古く、紀元前からタクラマカン砂漠沿いにはオアシス都市国家が形成され、西域36国として栄えてきました。その多くはタクラマカン砂漠の南、崑崙(こんろん)山脈の北に位置します。やがて砂漠を抜けるキャラバン隊や商人が各オアシスを往来することで西域南道が形成されていきました。この道沿いにはすでに消滅した歴史上の王国や異文化、宗教遺跡などが残り、シルクロードの旅に欠かせない訪問先となっています。著名なオアシス都市として、崑崙山脈の西から東に向かって Yéngisar（イェンギサール）、Yarkand/ Yarkent/ Yeken（ヤルカンド）、Hoten/Xoten（ホータン）、Niye（ニヤ）、Cherchen（チェルチェン）、Chaqiliq（チャクリック／チャルクリク）などが挙げられます。

Koylun (Kuénlun) taghliri [崑崙山脈(こんろん)]

　タクラマカン砂漠の南に位置する、およそ3000kmにおよぶ大山脈です。東端は中国西部の青海省から始まり、そこから西に延びチベット自治区の北部と接触します。そして西端はパミール高原まで続き、中央アジア一帯まで広がっています。6000mを超える高峰は200峰以上もあり、最高峰は7723mを誇る Muz tagh（ムズタグ山）です。また、崑崙山脈の氷河から溶けた水が河川となり、砂漠周辺のオアシス都市に命の水を与えています。世界的に著名なホータンの軟玉はこの山脈から誕生しています。

パミール高原にあるカラクリ湖。「氷の山」を意味するムズタグ・アタ山と、コングール山の雪山が望める。

ウイグル南部にあるパミール高原東端のタシュクルガンでは高品質のエメラルドが産出されている。

Chaqiliq [チャクリック／チャルクリク]

　甘粛省と青海省に隣接し、新疆または中国において最大の県となります。世界的にも有名な"砂漠の中をさまよう湖"ロプノールやミラン遺跡、楼蘭遺跡があります。20世紀初頭、1900年にスウェーデンの探検家ヘディンによって、チャクリック（チャルクリク）から北東に80kmほど離れた楼蘭王国の都城址（とじょうし）が発見され、寺院や仏塔、住居跡が発掘されました。また、ミラン遺跡の寺院からはギリシャ・ローマ風のフレスコ画、有翼天使像の壁画やガンダーラ美術に通じる仏伝図などが見つかっています。これらのことから、この地が東西の文物が往来する中継地であったことがうかがい知れます。世界中の探検家が大いに興味を引かれたオアシスです。

3世紀頃に描かれた翼をもつ天使像の壁画。ミラン遺跡から発掘された。

タクラマカン砂漠北東部でかつて栄えた楼蘭遺跡。ミイラ「楼蘭の美女」なども発掘された。

Cherchen [チェルチェン]

　崑崙山脈の西、アルティン山脈の北麓に位置し、チェルチェン川を主な水源とするオアシス都市です。新疆においても中国内陸においても2番目に大きな県となりますが、その4割以上は山地、2割は砂漠で構成され、ウイグル民族が多く住んでいます。崑崙山脈の玉として知られる青緑色の玉は、海抜3000m以上のアルティン山脈に分布する一次鉱床から採掘されています。

チェルチェン周辺では古くから綿の栽培が盛ん。品質も折り紙付き。©rweisswald

タクラマカン砂漠の南端にあるニヤ遺跡。

Niye [ニヤ]

　ホータンからさらに東に離れた小さなオアシスです。タクラマカン砂漠を横断する「砂漠公路」の起点となっています。郊外には西域36国の一つ「精絶国（チャドータ）」の遺跡であるニヤ遺跡があり、イギリスの探検家スタインによって次々と調査され、多数のカロシュティー文書が出土しました。この地域はインド・ガンダーラ地方の移住民がいたことや、楼蘭王国の属国であったことが判明しています。3世紀にはこの都市は放棄されました。

ホータンのQaraqash（カラカシュ）川で白玉を探す
ウイグル族の老人。

Hoten（Xoten）[ホータン]

　西域南道で最も歴史が長く、東西文化の交流や貿易が盛んなオアシス都市です。古くからKhotan（コータン）、Hotan（ホタン）とも呼ばれ、近代からHotenという呼び名となりました。中国語ではHetian（和田）と表しています。タクラマカン砂漠と崑崙山脈に挟まれたこの地には、数千年前からペルシャ系の一族であるソグド人が暮らしていました。その後の仏教伝来により、多くのインド人やテュルク系ウイグル人、漢人、チベット人が集まり、西暦56年から1006年の間に多民族、多文化により形成された仏教王国が存在していました。仏教の経典を求めて、中国東晋の時代の僧、法顕や西遊記で知られる玄奘も訪れました。やがて11世紀初めにイスラム文化が伝わると、この地域はイスラム化しました。

　ホータン北部に位置するタクラマカン砂漠には多くの遺跡があります。なかでも

千年以上の歴史を持つホータンの手織り
エトレス（アトラス）シルクに欠かせない
養蚕の様子。養蚕と絹織物の技術はユネ
スコの無形文化遺産に登録されている。

Dandan Öylik (ダンダン・ウィリク) 遺跡は有名で、ホータン王に嫁いできた中国の王女の壁画が見つかっています。王女の髪の中に蚕の卵を隠していたとみられる伝説の場面が描かれており、中国以外でシルクが生産された初めての場所とされています。

カイコ伝来の「養蚕西漸伝説」を描いたとされる板絵、ダンダン・ウィリク出土。

また、崑崙山脈から流れてきたYurungqash (ユルンカシュ) とQaraqash (カラカシュ) の両川がホータン地域を挟むように流れ、河床から世界で最高品質と称される白玉が発見されました。その歴史は古く、3500年前にはソグド人によって中国に輸出され、ホータンの玉とシルクの交易が非常に盛んになりました。その後、ウイグル人はこの両川で採取を続け、オアシスの経済を支えてきました。近年でも、毎年春に発生する洪水の後に、これらの川に数千人の採玉者が訪れます。

Yarkent (Yeken) [ヤルカンド (イェケン)]

漢代では莎車国 (Yarkand—ヤルカンド) とも呼ばれたオアシス都市国家で、16～17世紀にかけて栄えたヤルカンド・ハン国時代に都市が築かれました。カシュガル地区に属し、人口の大多数はウイグル族で、街のいたるところにモスクがあり、礼拝の声が聞こえてきます。ヤルカンド・ハン国の歴代王の墓群があり、著名なウイグル古典音楽家アマンニサハンが生まれた街です。

ウイグルの伝統音楽の基礎となる「12ムカーム」をまとめたアマンニサハン記念陵。

©Kirill Skorobogatko

Yéngisar [イェンギサール]

刃物作りで知られる街です。カシュガルから南に車で約1時間半のところにあり、古くから職人が鉄製の刃物を手がけています。動物の肉を捌くための大きな包丁や動物の骨にきれいな飾りが施されたナイフ、キーホルダにつなげている小さなナイフまでさまざまな種類の刃物が販売され、全国から多くの観光客がやってきます。

300年以上の歴史があるウイグル族の伝統工芸ナイフ。
©kataleewan intarachote

ウイグルの文化

ウイグルの伝統文化や風習をまとめた書籍。行事、服飾、食べ物など、その内容は多岐にわたり、日々の生活のなかで活用されてきた。

ウイグル民族は、長い年月をかけて遊牧生活から農耕生活へと生活形態を変え、点在する各オアシス地域でテュルク諸語を話す多くのテュルク系民族や異民族と共同生活を営んできました。その中で自分たちのアイデンティティを作り上げ、守ってきたのです。

隣接する地域や国の影響を受けながら日常生活や習慣も変化が生じ、ウイグルの言語、宗教、食生活、音楽舞踊などのスタイルも少しずつ変わり、多様性に富んだ文化が生み出されました。

[Din （ディン）]────宗教

中国北部から中央アジアは遊牧民が入れ替わり国家を建ててきた地域です。紀元前3世紀頃には中国北部に匈奴、4〜5世紀にかけてはコーカサス、東ヨーロッパにわたって活躍したフン族。6〜8世紀に繁栄したテュルク民族の突厥、8世紀半ば以降にはウイグル可汗国、西ウイグル王国（＝天山ウイグル王国）、甘州ウイグル王国、カラハン朝などが建国されました。

やがてシルクロード交易で活躍したソグド人の影響を受け、ウイグル人の間でマニ教が広がり、後に南から仏教が伝来すると、タクラマカン砂漠の周囲にあるオアシスで生活していたウイグル人は、仏教を信仰するようになりました。

10世紀末にはカラハン王朝がイスラム教を受け入れ、ウイグル人のイスラム化が進みました。そのため現在では、ウイグル人の多くがスンニ派のイスラム教徒です。

イスラム教の経典コーラン

カシュガルのエイティガール・モスク（Héytgah Meschiti）のミナレット。エイティガールとは、アラビア語のエイド（Héyt：宗教的な祭）とペルシャ語のガー（gah：場所）を合わせたウイグルの言葉。イスラム教徒が祈りを捧げる礼拝所という意味。日本語では「エイティガール」が定着しているが、本来の読み方は「エイティガー」。

カシュガルのエイティガール・モスク広場。ラマダン月の終わりには、モスクの外にあふれ出るほど多くのイスラム教徒たちが集まる。　© Pete Niesen

[Muzika (ムズィカ)]————— 音楽

ウイグルには古典音楽、民謡（民族音楽）、舞踊音楽、物語音楽、現代音楽などがあります。

ウイグル音楽に
関する書籍

(1) 古典音楽　Klasik muzikiliri (キラシキ ムズィキリリ)

ウイグルの代表的な音楽といえば、Muqam (ムカーム) と呼ばれる古典音楽です。複数の楽曲が連続して演奏される組曲のことで、2005年にユネスコの無形文化遺産に登録されています。伝統的な楽器を用いて演奏され、旋律に特徴があります。

ムカームは、短い序曲のMuqeddime (ムケッディメ)、楽曲であるNeghme (ネグメ)、叙事詩であるDastan (ダスタン)、舞曲であるMeshrep (メシュレップ) の4つのパートから成り立っています。長く自由な旋律から曲が始まり、特徴のあるリズムへと変化し、徐々に演奏の速度が上がっていきます。

ウイグルの地域ごとに異なるムカームが存在しますが、南西部のカシュガル地域で演奏されているムカームは、12ムカームと呼ばれ、約300曲で構成されています。16世紀には、ヤルカンド・ハン王国第2代国王Sultan Abdurashid Xan (スルタン アブドゥッラシード・ハン) の妻で詩人

ホータンで生産されたシルクで作られたウイグル古典音楽の12ムカームのタペストリー。

39

の音楽家Amannisaxan（アマンニサハン➡P.105）によって、民間に存在していた歌舞音曲が整理・体系化され、古典音楽の集大成であるムカームの基盤となりました。

　ムカームは"一つ演奏するのに2時間かかる"といわれる長い音楽です。12ムカームをすべて記憶して演奏できる人はほとんどいないといわれ、お祭りや祝いの席ではムカームの一部が演奏されるケースがほとんどです。カシュガル地域にあるMekit（メキット）県では、12ムカームよりも古い様式のDolan muqam（ドラン・ムカーム）がよく演奏されています。

12ムカームの名称

Rak　　　　　（ラック）
Chebbiyat　　（チェッバヤット）
Sigah　　　　（シガッ）
Chargah　　　（チャルガッ）
Penjigah　　　（ペンジガッ）
Uzhal　　　　（ウズハル）
Ejem　　　　（エジェム）
Oshshaq　　　（オッシャック）
Bayat　　　　（バヤット）
Nawa　　　　（ナワ）
Mushawrek　　（ムシャウレック）
Iraq　　　　　（イラック）

12ムカームのDVDパッケージ

（2）民謡（民族音楽）　Xelq muzikiliri（ヘリック ムズィキリリ）

　ウイグルには多くの民謡が存在し、その多くが家族や恋人への愛、自然などを題材とした歌です。通常、歌いながら男女ペアで踊りを披露します。各オアシスごとに特徴があり、その地名にちなんで「Qeshqer naxshiliri（ケシュケル ナフシリリ）」、「Kucha naxshiliri（クチャ ナフシリリ）」、「Atush naxshiliri（アトゥシュ ナフシリリ）」、「Ili naxshiliri（イリ ナフシリリ）」などと呼ばれています。童謡や労働歌も含まれています。

ウイグル童謡「蝶々」の楽譜

（3）現代音楽　　Hazirqi zaman muzikiliri（ハズィルキ ザマン ムズィキリリ）
　　ポップ音楽　　Shox muzika（ショフ ムズィカ）

　現代的なポップ音楽です。民族楽器と電子式モダン楽器の組み合わせで演奏され、民謡よりもリズムが速く、多様な拍子があります。若い世代に歓迎される躍動感のある軽快な楽曲で、歌と踊りが融合しています。

[Ussul（ウスル）] ──── 舞踊

ウイグル人は家庭で自然にウイグルの音楽に親しみ、大きくなるにつれ、親や周りの大人の踊りを見習っていきます。お祭りや祝いの席で踊ることはもちろん、日常生活になくてはならない習慣です。タクラマカン砂漠に点在する各オアシスごとにそれぞれ特色があり、異なる民謡と踊りが形成されています。

ウイグルのムカーム芸術団によるショー「ナワ ムカーム」の1シーン。
© Jack.Q

(1) セネム踊り　Senem ussuli（セネム ウスリ）

「セネム」と呼ばれるフォークダンスは、結婚式やお祭りなどで、単独または群衆で踊る民族舞踊です。ゆったりした音楽とともに始まり、徐々にテンポが速くなり、最後には躍動感あふれる踊りとなります。首、腕、目、指などを特徴的に動かします。ダンスの演奏にはダップ（鼓）が使われます。

民族衣装を身につけたダンサー。

(2) ドラン踊り　Dolan ussuli（ドラン ウスリ）

古典音楽であるDolan muqam（ドラン ムカーム）を基にして形成された踊りです。一般的にウイグル族がよく踊る「セネム」踊りと異なり、比較的わかりやすい4種類のステップとリズムに分かれて、男女問わず、向き合って踊ります。特にカシュガル地方のヤルカンド（現在の地名はイェケン）、メキット、マラルビシ、タリム川流域で伝承されています。

(3) サマ踊り　Sama ussuli（サマ ウスリ）

お祭りや祝典の際に男性のみで踊る、参加型の厳粛な集団舞踊です。毎年、イスラムの2大祭りであるQurban Héyt（クルバン・ヘイット：犠牲祭り）とRozi Héyt（ロウズィ・ヘイット：断食明け祭り）を祝うとき、カシュガルのエイティガール・モスクの広場で民族楽器であるソナイ、ナグラ、ダップの演奏で、数十から数百人が、同じスタイルと同じリズムを繰り返しながら踊り続けます。

毎年トルファンで行われる盛大な国際葡萄祭り。

[Saz (サズ)] ── 楽器

ウイグルでは、さまざまな楽器が発明されてきました。表現力豊かな弦楽器、打楽器、吹奏楽器などで、これらは独奏、合奏の両方で使われます。生み出される旋律は非常に奔放で情熱にあふれ、ウイグル民族の多彩な生活と豊かな感情をよく表しています。以下、古くから使われてきたウイグルの伝統的な民族楽器を紹介します。

ウイグルの伝統的な弦楽器が並ぶ。　　© Marco Ramerini

● 弦楽器

弦楽器は二本以上の弦から作られ一本は主奏弦で、ほかの弦は共鳴弦で共振を起こして強い音を響かせます。ウイグルの伝統的な弦楽器には、Dutar (ドゥタール)、Tembur (テムブル)、Rawap (ラワップ)、Qalon (カロン)、Satar (サタール)、Ghéjek (ギジェク)、Xushtar (フシュタール) などがあります。うしろの3つは弓奏楽器で、かつては、馬のしっぽの毛で作る"Kamanche (カマンチェ)"という弓を使って演奏されていました。また、Kucha (クチャ) 地方で作られる"Barbap (バルバプ)"は、日本にも伝来し「胡琵琶 (こびわ)」と呼ばれています。現在はほとんど使われていません。

ドゥタール ……桑の木で作られた首の長い2弦の楽器です。古くからウイグルの家庭に定着した最もポピュラーな弦楽器です。中央アジアと西アジアにも広がり、カザフのドンブラ、イランのタール、トルコのサズと兄弟楽器です。

ドゥタールを昔ながらの製法で作るウイグル人の職人。

©Laszlo Mates

ドゥタール

テムブル

テムブル ……桑の木で作られた、140cmほどの細長い首を持ち、スチール製の5弦で構成された昔ながらの弦楽器です。左手で弦を押さえながら、右手の金属製のピックで弾き、音はよく鳴り響きます。イリ地方の「メシュレップ※」で最も使われている楽器です。

※メシュレップ……何世紀にもわたってウイグル文化の中で受け継がれてきた伝統的な慣習のひとつ。楽器演奏と踊り、会話を交えて、文化的な習慣の伝承や絆を育む文化儀礼の集い。2010年にユネスコの無形文化遺産に登録された。

高昌の古代都市で観光客のためにラワップを演奏する。　©kalapangha

ラワップ……3弦で構成された長い首を持つ弦楽器で、胴体には蛇の皮が張られています。楽器は胸の高さで横にして抱え、左手で弦を押さえ、右手のピックで弦を弾きます。カシュガル地方で最も一般的な民族楽器です。

カロン……15ないし30対の長さが異なったスチール弦を、なめらかな曲線を持つ箱型の胴体に張った琴。右手に持った15cmほどの長さのバチ zehmek（ゼフメック）で弦をかき鳴らし、左手で持った gösh tap（ゴシュタップ）で、共鳴する弦を軽く押さえながら演奏します。

ゴォシュタップ

サタール……13本のスチール弦で構成され、テムブルの構造に似ています。旋律弦は1本で、残りの12本は共鳴弦となります。左手でフレットを押さえ、右手で持った弓で弦を擦って演奏する擦弦楽器です。スチール製の弦が使われはじめる前は、擦弦楽器の弦は馬やロバの尾の毛で作られていました。

ウイグルでカロンを演奏するプロの音楽家。

ギジェク……コムル（クムル）地域で誕生した古代から続く擦弦楽器です。2本ないし4本のスチール弦を持ち、棹は柳の木、胴体はグミの木、フレットは牛の骨で作られ、内部には蛇の皮が張られています。ギジェクの形と模様はほかの弦楽器と異なります。膝の上に立て、左手で弦を押さえ、右手で弓を擦らせて演奏します。音は快く哀愁を帯びます。古い漢文では「二胡」と呼ばれ、「ウイグルの二弦の楽器」という意味を持ちます。

ギジェクの一番下には半月型のスタンドがあり、ここを膝に当てて演奏する。

フシュタール……バイオリンに似た楽器で、ホータンやロプ地区で使われています。ギジェクを基礎に改良された擦弦楽器です。鳥のような高音を響かせるため、qush-tar（クシュ-タール：鳥の弦）とも呼ばれます。高さは50cm〜60cmほど。弦は4本で、棹の先端に鳥の形が彫刻されています。指板と弦の位置はギジェクと同じで、弓を使って演奏します。

フシュタール　　ギジェク

これらのすべての楽器は「Muqam（ムカーム）」歌の主な伴奏楽器として使われます。

43

祭りでネイを吹く男性（左）とナグラ演奏者達。　©Lufuyuan

●打楽器

打楽器には、Dumbaq（ドゥムバック）、Dap（ダップ）、Naghra（ナグラ）、Sapayi（サパイ）、Qoshuq（コシュク）、Tash（タシ）などがあります。

ドゥムバック……腰に付けてたたく太鼓で、3000年以上の歴史があるといわれています。桑の木と馬の皮で作られています。

ダップ……ハンディータイプの鼓です。ウイグル舞踊では特に重要な楽器で、踊りをリードする役割を担います。

ダップ

サパイ

コシュク

ナグラ……日本の和鼓のように大小の異なるいくつかの鼓を組み合わせたものです。

サパイ……クルミの木の棒に大小の鉄リングが付いた楽器。上下に振ったり、肩に打ち付けて鳴らします。歌や踊りの伴奏用の楽器です。

コシュク……スプーンの形をした小型の木製打楽器。凸部分を打ち合わせて音を出します。

タシ……角の丸い長方形の石の板2枚を打ち合わせるカスタネットのような打楽器。2枚を片手で持って演奏します。

●吹奏楽器

古くから使われてきた吹奏楽器としてNei（ネイ）、Sonai（ソナイ）、Kanai（カナイ）などがあります。

ネイ

ソナイ

ネイ……テュルク系民族の最も古い吹奏楽器であり、遊牧生活で家畜を追うために使用されました。以前は細長い動物の骨で作られていましたが、現在は竹で作られています。竹の長さは20cm～50cmまでさまざまなサイズのものがあります。孔が3～8つ空けられていて、指で孔を押さえながら、音を奏でます。

ソナイ……ナツメの木で作られた円錐形状の木管楽器。先端には葦を薄く削った2枚のリードがついています。

カナイ……ソナイより大きく1.5m～2mもあります。太い音が特徴です。

44　©Jean-Xavier Bardant

[Kiyinish adetliri (キイニシュ アデットリリ)] —— 服飾習慣

ウイグルでは、古くからdoppa（ドッパ：花帽子）、kanwa köynek（カンワ コォイネック：花刺繍のシャツ）、ipek etles（イペック エトレス：シルクのワンピース）、chapan（チャパン：ロングコート）という民族衣装を着用してきました。冠婚葬祭の衣装としてではなく、日常的なものです。ウイグルで暮らす他のテュルク系民族の様式と比較しても、衣服の生地や模様（花柄）、帽子の形などが少しずつ異なります。一目でウイグル人、ウズベク人、カザフ人、キルギス人、タタール人、タジク人であることを識別できる固有の伝統スタイルなのです。

左は日常着として使われるエトレスシルクの羽織り物とスカーフ、右は民族衣装。ともに女性用。

● Bash kiyim (バシュ キイム) —— 頭部衣装

寒暖差の激しい環境にあるウイグルの地では人々は暑さ、寒さ、風砂から身を守るために、自然と羊の皮で作られた帽子bök（ボォク）や、シルクと綿で作られたyaghliq（ヤグリック）と呼ばれるスカーフを頭に被るようになりました。また民族的、地理的、文化的にそれぞれ形や模様が異なる多種多様な帽子が存在します。

冬にはqulaqcha（クラックチャ）と呼ばれる皮の帽子を、夏にはdoppa（ドッパ）、telpek（テルペク）、yaghliq（ヤグリック）と呼ばれる布の帽子やシルクのスカーフが使われます。

カシュガル地方のドッパ（➡P.46 ⑩）を被る男性。　© Sirio Carnevalino

(1) 花帽子　Doppa (ドッパ)

ドッパはウイグル民族の象徴であり、古くから老若男女に日常的に愛用されてきた伝統的な服飾のひとつです。基本は四つの角を持ち、簡単に収納できるように折り畳み式として作られています。使うときに広げて一角が前方に向かうように被ります。この四角は東西南北の方向と関連するという説や四季と関連しているという説などがあります。

布地にはさまざまな色の絨毯で使われる文様が刺繍され、男女によって色合いが異なったり、地域ごとに形や色、材料もいろいろです。特に女性用の帽子の種類が多く、一般的によく見かけるのは、真珠玉が付いたünche-merwayit doppa（ウンチェ-メルワイット ドッパ）、絨毯模様のgilem doppa（ギレム ドッパ）、青紫色の花模様のcheshme doppa（チェシメ ドッパ）などです。男性用ドッパで代表的なものは草花模様のchimen doppa（チメン ドッパ）、小麦模様のbughday nusqisi doppa（ブグダイ ヌスキスィ ドッパ）、アーモンド模様のbadam doppa（バダム ドッパ）です。

男女兼用のドッパには、ビロード生地で作るduxawa doppa（ドゥハワ ドッパ）があります。ドッパは多彩で地名にちなんだものも存在します。

45

さまざまなウイグル帽子

砂漠のオアシスに暮らすウイグル族には、ドッパを中心にさまざまな種類の帽子があります。その数、ゆうに100種以上ともいわれ、ウイグルの各地域の生活に根ざした柄が刺繍されていたり、宗教観に基づく色や形のものがあります。ここではドッパを中心に代表的なものを紹介します。

① ②

①	marjan doppa	マルジャン ドッパ	ビーズ付き女性用帽子
②	kalwutun doppa	カルトゥン ドッパ	金の糸で刺繍された女性用帽子
③	ilme güllük doppa	イルメ グュルュッキ ドッパ	太糸で刺繍された女性用帽子
④	altun qadaq doppa	アルトゥン カダック ドッパ	純金の金鋲付き女性用帽子
⑤	etles doppa	エトレス ドッパ	シルクエトレスで作られた女性用帽子
⑥	tashkent doppisi	タシュケント ドッピスィ	ウズベキスタンのタシュケント地方の帽子。アーモンド模様でカシュガル地方の帽子に類似
⑦	shapaq doppa／aq doppa	シャパック ドッパ／アク ドッパ	綿生地で作られた薄めの白色帽子
⑧	ghulja doppisi	グルジャ ドッピスィ	グルジャ地方の男性用帽子。ドゥハワ ドッパに似ているが、折り畳みはできない円形状の帽子
⑨	qumul doppisi	コムル（クムル）ドッピスィ	コムル（クムル）からトルファン地方の折り畳み式男女兼用帽子。ビロード生地で花模様刺繍があるものとないものがある
⑩	qeshqer doppisi	ケシュケル ドッピスィ	カシュガル地方のアーモンド模様が付いた男性用帽子。タシュケント ドッパに類似。角に太糸で作られた黒色の花つぼみが付いている
⑪	tumaq	トゥマック	冬用男女兼用帽子。ドッパと異なり鉢のような形で黒い生地が特徴で、内部と周囲に動物の毛を使用。男性用は鉢が深く、女性用は浅い
⑫	qulaqcha	クラックチャ	冬用男性用帽子。耳当てが付いた毛皮の帽子
⑬	ünche-merwayit doppa	ウュンチェ - メルワイット ドッパ	真珠玉付き女性用帽子
⑭	gilem doppa	ギレム ドッパ	絨毯模様の折り畳み式女性用帽子
⑮	cheshme doppa	チェシュメ ドッパ	花模様の刺繍が付いた折り畳み式男女兼用帽子
⑯	chimen doppa	チメン ドッパ	草花模様の折り畳み式男性用帽子
⑰	bughday nusqisi doppa	ブグダイ ヌスキスィ ドッパ	小麦模様の折り畳み式男性用帽子
⑱	badam doppa	バダム ドッパ	アーモンド模様の折り畳み式男性用帽子
⑲	duxawa doppa	ドゥハワ ドッパ	厚めのビロード生地で作られた円形の男女兼用帽子
⑳	telpek	テルペク （→ P.48）	ウイグル南方ケリヤ地方の独特の女性用小型帽子

③

④

⑤

⑥

⑦

⑧

⑨

⑩

⑪

⑫

⑬

⑭

⑮

⑯

⑰

⑱

⑲

⑳

ケリイェ（ケリヤ）地方の独特なテルペク
を被ったウイグルのおばあさん。

（2）小帽子　Telpek（テルペク）

　タクラマカン砂漠の南に位置するKeriye
（ケリイェ／ケリヤ）地域特有の帽子で、
telpek（テルペク）と呼ばれる世界で最も小
さいdoppa（ドッパ）。年配の女性たちに愛
用されています。白く長いスカーフの上に黒
い円柱状の小型帽子が縫いつけられ、頭の
真上に被ります。結婚式や葬儀に必ず用いる
年配女性の独特の装飾用帽子です。

スカーフと組み合わせて被るテルペク。
ウイグルでも限られた地域でのみ見られる。

（3）スカーフ　Yaghliq（ヤグリック）

　ウイグル人の女性は、シルク素材で出来て
いる正方形のyaghliq（ヤグリック）を三角に
折り、頭を覆ったり、首に巻いたりします。薄
手のものから厚手のものまであり、装飾だけ
でなく保温や防砂を目的に使用されます。

色鮮やかなヤグリックを巻く女性たち。
©Imabulary

●Kiyimler (キイムレル) ── 衣服

夏は伝統的な衣装である、薄めの綿生地やシルクなどで作られた刺繍シャツ、エトレスシルクドレスが好まれます。

① Kanwa köynek (カンワ コォイネク)

襟や胸元、袖口などに、幾何学模様が刺繍された綿生地のシャツやブラウス。男女問わず着用されています。帽子にも同様の刺繍がされます。カシュガル（ケシュケル）やグルジャ地方では最も人気があります。

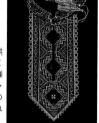

ウイグルの子供から大人までよく着る幾何学模様が刺繍されたシャツ。色とりどりの刺繍糸が使われている。

② Etles (エトレス／アトラス)

ウイグルの伝統的なシルクの絞り染めの織物でetles（エトレス／アトラス）と呼ばれ、鮮やかな色彩とさまざまな図案を持つ手工芸品です。このエトレスシルクから女性用のブラウスやワンピース、スカーフが作られ、ウイグルから中央アジア一帯のテュルク系民族の女性に大変好まれています。

かつてオアシス都市国家であったホータンは、3〜4世紀にかけて多くの絹と麻布を生産し、中国へ輸出した最も古い都市のひとつです。ただ、養蚕技術の伝来は、5〜6世紀に中国からとする説や、すでに1世紀にはホー

ウイグル婦人による刺繍。

ウイグル女性の伝統的なエトレスシルク衣装。

タンの東の隣国から伝わったとする説などもあります。

　繭から取り出す絹糸は単色であるため、鉱物や植物の染料によって色とりどりに染められ、木製の織機で美しいシルクの生地が作られます。エトレスシルクのふるさとであるホータン市のJiya（ジヤ）郷では、地元のウイグル女性たちが伝統的な手織り式を守りながら、絶えることなくウイグルの代表的な民族衣装として市場に提供し続けています。

女性が好んで着用するエトレス（アトラス）シルクのワンピースは彩色豊か。耳飾りや指輪、ネックレスも欠かせない。

③ Chapan（チャパン）

　朝晩の寒暖差が激しいウイグルでは、「chapan（チャパン：長衣）」と呼ばれる上着を男女を問わず着用します。ボタンのないものが多く、左側を右側の上に重ね、男性は腰をpota（ポタ：帯）で巻き留めるのが基本スタイル。半袖・長袖、丈はお尻が隠れるものから膝下までが主流です。素材は綿が中心ですが、皮革やウールもあります。冬は防寒用の分厚い綿入りのもの、夏は薄手のものと季節に合わせて一年中愛用されています。なかでもチャパンの一種であるton（トン）は、刺繍で縁取りされたり、金刺繍が施されたものも多く、大切な儀式を中心に着用されます。女性用は比較的丈が短く腰までのものが多く、刺繍があったり、鮮やかな生地が使われます。

　しかし近年ではチャパンを着る人は減少しています。

チャパンは風や砂ぼこりを防ぎ、保温にも適している。上はチャパンのひとつでトンと呼ばれるもの。洒落た柄や縁飾りが特徴。

④ Pota/Belbagh（ポタ／ベルバグ）

　革のベルトが誕生するまで、ウイグルでは古くから布を束ねたものを衣服に巻いて装着してきました。pota（ポタ）と呼ばれる腰帯で、幅50㎝、長さは2m〜2.5mあります。幅広のため腰に巻いたとき、ポケット代わりにちょっとしたものを挟んで収納できます。古代ウイグルでも衣類がはだけないようにポタが使用され、狩猟用の道具を差していたと考えられます。ウイグル男性はナイフを携帯する伝統的な慣習があり、ポタに差したりぶら下げたりしています。

　また、紐で衣服を巻くことにより、服の隙間から病気や悪霊が入らないように、自分の体をしっかりと封じ、飾りとして玉や銀なども取り付けて身を守るようになったともいわれています。現在の生活では、このような腰紐の装着は少なくなっていますが、お祭りで催されるウイグル式のレスリングなどでは今も使用されています。

⑤ Chümbel（チュムベル）

　厳しい環境の砂漠地域では、女性たちは頭に布を巻き付けて暑さや砂の害から身を守ってきました。10世紀になると、イスラム文化の浸透により、アラビア諸国やイランなどでは巻き物が

義務化され、それらの国々で着用されるhijab（ヒジャブ）がウイグルの地にも伝わりました。しかしカシュガル地方やホータン地方の年配女性たちは、アラビア語でベールと呼ばれているヒジャブとは形状と色が異なった、褐色と白色の大型の正方形の織物を頭部から上半身まで覆うようなchümbel（チュムベル）を身に着けるようになりました。チュムベルは、「道徳」「貞淑」という意味も表しています。他の地域では、yaghliq（ヤグリック）と呼ばれる簡易型のスカーフの頭巾がよく使われています。ウイグルでは、このようなチュムベルとヤグリックの着用も強制ではなく、着用しない女性も多く見られます。

● Ayagh kiyimliri （アヤッグ キイムリリ） ──────── 靴

(1) ブーツ（長靴）　Ötük （オォトュック）

　ウイグル民族は、農耕生活に定着するまで長く遊牧生活をしていました。馬に乗る習慣があり、膝まで脚を覆う皮で作られた長靴を履いていました。デザインや形状は通常のロングブーツと異なり、馬体や鞍にフィットし、脚にしっかりと密着する、きつい装着感のある乗馬靴に似たものです。

　ötük（オォトュック）は保温性と防水性、防塵性が高く、男女ともに着用します。農業を営むウイグル人の間では、農作業をする際に不便であるため、履いている人は少なくなりましたが、天山山脈北部の高原や牧場などで組み立て式のゲル、qar öy, chatir（カル オォイ、チャティル）で生活しているウイグル人やカザフ人、キルギス人などには依然として愛用されています。

カシュガルの日曜バザールでブーツを販売しているウイグル人達。

(2) 革靴　Xurum Ayagh （ホゥルム アヤッグ）

　天山山脈北部にあるGhulja（グルジャ）地域とアルタイ山脈のChöchek（チョォチェク）地域の草原では、多くの羊、馬、牛などの家畜が放牧されているので、動物の皮を容易に入手することができます。その皮をなめして革にし、長靴、短靴、革ジャケット、コート、革ベルトなどが作られています。ウイグル地域での革靴の起源は古く、古代からテュルク系遊牧民が愛用してきました。

　草原や山岳では歩行と騎馬の両方を兼ねる頑丈な履物が必要でした。最初は皮で簡易型の履物が作られ、やがて乗馬に適した長ブーツが考案されます。しだいに遊牧生活から定着型の生活へ変化するにつれて短い革靴が生み出され、現在の形に成型されたのです。

　特にグルジャ地域での革靴の製法はさまざまで、足を覆う上部の甲革に穴が開いた模様や糸で縫った花模様などが装飾されています。靴底、中底（インソール）は何重もの革を重ねて作られ、歩くと革と革の間に摩擦が生じ、音がします。かかとも同様に革で硬く、堅牢な構造で作られています。紐のあるタイプは長時間着用ができ、通気性も優れています。男女それぞれに合わせて、素材や色、かかとの高さが異なるものなど、その種類は多様です。

[Ta'amliri （タアムリリ）] —— 料理

イスラム教を信仰するウイグル人は、ハラル食材を使い、世界中のムスリムが食べられる料理を作ります。中央アジア諸国と共通する料理も多くあります。地元から産出した香辛料に加えて、シルクロード交易でもたらされたスパイスなどが使われます。米料理よりも麺料理が多く、一つの料理を作るのに時間と手間をかけます。

窯の内壁に一つずつ貼り付けて焼いたサムサを専用の棒を使って取り出す。　© a little snail

① Leghmen　（レグマン／ラグメン）

レグマン（ラグメン）はウイグルの家庭に欠かせない日常的な料理の一つです。小麦粉から作った生地を手で伸ばして麺にします。日本のうどんによく似ていますが、コシが強いのが特徴です。ゆでた麺に羊肉と野菜を炒めたものをのせて食べます。

② Polo　（ポロ）

ピラフによく似た料理で、鍋で羊肉と玉ねぎ、たくさんの人参を炒めて、米と水を加えて弱火で30〜40分ほど炊きます。冷菜やヨーグルトソースなどと一緒に食べます。結婚式や葬式では、大きな鍋で、数百人分を一度に作ることがあります。

③ Kawap　（カワープ／カバブ）

ウイグルの屋台で最も日常的に食べられる肉料理で、羊肉の串焼きです。日本ではシシケバブと呼ばれています。肉を炭で焼きながら香辛料のzire（ズィレ：クミン）、qizil mush（キズィル ムシュ：唐辛子）、tuz（トゥズ：塩）などをかけて焼き上げます。

④ Manta　（マンタ）

みじん切りにした肉とさまざまな野菜を混ぜた具を生地で包んで蒸す料理です。中華まんに似ています。

⑤ Chüchüre （チュチュレ）

　おもに肉と玉ねぎで作った具を、四角に切った小さな生地に包んで、野菜だしのスープに入れて食べるスープ料理です。

⑥ Nan （ナン）

　ウイグル族の主食で窯で焼いて作るウイグルのパンです。小麦粉をこねて作った生地を、縁を少し厚くした円盤状に整え、薪で温めた窯の内側に貼り付けて焼き上げます。スープや炒め野菜などと一緒に食べます。表面にある模様（空気穴）は、専用のチェックシという大きな判子のような調理器具でつけられています。

筆者が祖母から受け継いだチェックシ。先端には穴開け用の鋲がついている。店には、いろいろな模様のチェックシが売られている。

⑦ Gösh nan （ゴシュ ナン）

　みじん切りした羊肉と玉ねぎで作った具を、薄く伸ばした大きな丸い生地2枚で挟み、周囲をねじり閉じてから、低温の油で揚げる料理です。肉パイにも似ています。

⑧ Samsa （サムサ）

　ナンと同じく窯で焼き上げる料理です。小麦粉をこねた生地を細長く伸ばしてから均等にカット。薄く円状の皮を作り、中に羊肉と玉ねぎを混ぜ合わせた餡を詰めます。

次に窯の内側に一個ずつ貼り付けて、表面に少し水を振りかけます。最後に窯の蓋を閉めて15分ほど蒸し焼きにします。パリパリとして塩味が効いた焼きたてがおいしい料理です。

⑨ Sangza （サンザ）

　ウイグル菓子の一種です。お祭りでは各家庭で必ず作る伝統的なお菓子です。花椒を水から煮出して作っただしを小麦粉に入れてこね上げ生地を作ります。レグマン（ラグメン）と同じように細長く伸ばしてから小さめのサークル状に何重も巻き上げ、最後に麺を一回斜めにねじりあげて油で揚げます。カリカリとした食感の甘くない揚げ菓子です。

⑤

⑥ © YUNG TAO CHANG

⑦

⑧

⑨

[Alahide mehsulat (アラヒデ メフスラット)] —————— 特産品

ウイグルの土地は広大で、豊富な資源に恵まれています。そのため特産品が多く、食の分野では「果物、紅茶、調味料、香辛料、お菓子」などがよく知られています。生活文化の特産品としては「手工民芸品である花帽子（ドッパ）、ナイフ、絨毯、エトレスシルク（絞り染めの絹織物）、民族楽器」などが有名で、バザールやスーパーマーケットで広く扱われています。さらに自然資源として、崑崙山脈の玉、アルタイ山脈の宝石、天山山脈の重金属、タクラマカン砂漠の石油や天然ガスなどが挙げられます。

(1) 果物　Méwe (メィウェ)

ウイグルは厳しい乾燥地帯でありながら100種類以上の果物が収穫されています。寒暖差が激しいため、濃い甘味を持つ世界屈指の良質な果物が穫れます。以下に、主な果物の産地をまとめました。

果物および種実類の名産地

ブドウ	Turpan (トルファン)
リンゴ	Ghulja (グルジャ)
メロン	Qumul (コムル／クムル)
ザクロ	Qeshqer (カシュガル)
イチジク	Atush (アトゥシュ)
ナシ	Korla (コルラ)
アンズ	Kucha (クチャ)
クルミ	Qaghiliq (カグリック) Xoten (ホータン／ホテン)
ナツメ	Chaqiliq (チャクリック／チャルクリク) Xoten (ホータン／ホテン)

バザールにはさまざまな種類の果物が所狭しと並ぶ。

スイカもウイグルでは日常でよく食される。　©rweisswald

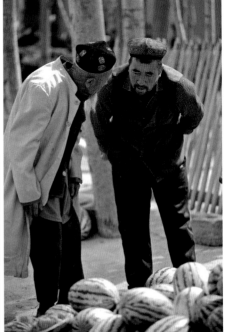

トルファンはブドウの栽培が盛んで、緑色の細長い品種が有名。

(2) 軟玉と宝石　Qash téshi we Göher (カシュ ティシ、ゴヘル)

　ウイグルは地理的に3つの山脈、2つの盆地で構成されています。古生代 (5億年前〜2.4億年前)、造山運動によって崑崙山脈 (Koylun/Kuénlun taghliri、コイルン/クインルン タグリリ) が形成されました。その後、中生代になると、インド亜大陸がユーラシア大陸と衝突し、隆起作用によって折れ曲がった地層が造り出されます。その際に、崑崙山脈に世界で最も高品質といわれる10種類の軟玉 (ネフライト：Yumshaq qash téshi (ユムシャック カシュ ティシ)) と蛇紋岩 (岫玉) が形成されています。そして、少量の上質なルビーとサファイト (灰長石)、ソーダライト、孔雀石、クリソコーラ (珪孔雀石)、稀にダイヤモンドも産出されます。鉱石としての白雲母、石綿、岩塩なども豊富に分布しています。

ウイグルの女性はホータンのシルクで織ったエトレス (Etles) と玉の宝飾品を身に着ける習慣がある。

ウイグル最北部に位置するアルタイ山脈のKoktoqay (コクトカイ) 地域では、ウォーターメロン (スイカ) のような見た目のトルマリンが名物。

　同様に、古生代の造山運動によってウイグルの中央部に天山山脈 (Tengri taghliri、テンリ タグリリ) が形づくられます。この山脈に「石炭の素」となるシダ植物が広大な森林を形成していたため、国内において最大の産出量を誇る石炭鉱床があり、また、鉄鉱石が広く産出されます。緑色の軟玉 (ネフライト)、トルコ石などの宝石や、金の産出地でもあります。

　北部のアルタイ山脈 (Altay taghliri、アルタイ タグリリ) は「天然鉱物資源の故郷」といわれ、広範囲にペグマタイトが分布し、希少金属であるベリリウム、リチウム、セシウム、ルビジウムなどや、金、銀、銅が多く産出されています。それ以外に44種の宝石類が発見され、ペグマタイトに関連する宝石としては、ベリル、アクアマリン、トルマリン、トパーズ、ガーネット、ロードナイト (バラ輝石)、スポジュメン (リシア輝石)、クリソベリル、アパタイト、アマゾナイト、ジルコン、アメシスト、水晶、茶水晶、ローズクォーツ、メノウ、カルセドニー、オブシディアン、ジャスパーなどが採掘されています。

タクラマカン砂漠のタジョン油田の井戸から石油を汲み上げる黄色いポンプジャック。

(3) 石油と天然ガス

Néfit we Tebi'iy gas (ネィフィット、テビイ ガス)

　ウイグルでは豊富な鉱物資源に加えて、エネルギー資源として石油と天然ガスが相次いで発見されました。特に、タリム盆地とジュンガル盆地では、大規模な3つの石油油田が開発され、1980年代後半以降Tarim (タリム) 油田、Junghar (ジュンガル) 油田、Turpan-Qumul (トゥルパン - クムル：吐哈油田) で本格的に採掘されています。石油の総埋蔵量は228億tと推定され、全国の埋蔵量の30％を占めています。また、油田開発とともに天然ガスも次々と発見され、今日では38か所と国内最大の生産地です。総貯蔵量17.45億㎥に到達し、新疆の経済発展の中心になっています。

東西の玉貿易に貢献してきた
ウイグルの人々

阿依 アヒマディ（寄稿）

柔らかな光を放つ
「ホータンの玉」、紀元前から
東西に栄華をもたらし、文化
交流につながった。

ホータンの白玉と天山山脈の緑玉で作られた
トルファンの葡萄を模した彫刻

二つの大河からさまざまな玉が産出する

「軟玉」は古くから知られているタクラマカン砂漠のオアシスで、「玉の町」を意味するKhotan（コータン）、Hotan（ホータン）、Hoten（ホテン）、Xoten（ホテン）と呼ばれてきた地域から産出します。柔らかく暖かい印象の白玉や青玉、黄玉や墨玉などが採掘されるほか、白色で油質性を最も感じる、不純物の少ない99％繊維状の鉱物トレモライトからできた「羊脂白玉」は最高級品に評価されています。

「軟玉」はウイグル語では"Yumshaq qash téshi（ユムシャック カシュ ティシ）"と呼ばれます。崑崙山脈に産するこの玉は、雪解けの水とともに、Yurung-qash derya（ユルンカシュ デルヤ：白玉を意味する川）とQara-qash derya（カラカシュ デルヤ：墨玉を意味する川）と呼ばれる二つの河川によってオアシスに運ばれます。

玉はきれいに丸みを帯びた石の塊として川のあちこちで見られます。河川敷の地表に出ていたり、地下深くにもぐっていたり、河床に散在しています。ユルンカシュ川では多くの高品質の羊脂玉、白玉、青白玉、青玉、緑青玉

ユルンカシュ川は、河原で白玉が採れることから白玉川と呼ばれる。
© John Hill

が採取され、カラカシュ川では、濃緑玉、墨玉、黄玉そして糖玉などが見つかります。

月氏から受け継いで玉を採掘し続けてきたウイグルテュルク民族

中国で玉器が出現したのは今からおよそ8000年前です。やがて中央集権的な国家が誕生すると、玉器は青銅器とともに権威を象徴する礼器として特殊な発展を遂げました。

玉の中で最も珍重されたのがホータンの玉です。紀元前3世紀頃から東西トルキスタンと東アジア地域にペルシャ系遊牧民といわれる月氏[※1]が国を建て、ホータン地域のユルンカシュ川とカラカシュ川で発見された軟玉を前漢時代の中国、そしてペルシャ、イラク、インドなどに初めてもたらしました。

漢の武帝が西域との貿易を推進するために使者を送り、漢人が初めて玉の産地であるホータンに足を踏み入れることになりました。やがてホータンから漢の長安に通じる「玉のロード」が開かれ、ホータンは東西貿易の中継地として発展し、ペルシャの文化が取り込まれました。先住民たちは古代ペルシャで発祥したゾロアスター教を信仰し、さまざまな地域の文化をも受容することとなりました。

しかし、紀元前176年に月氏はフン族[※2]の進行により西へ移動し、軟玉交易は徐々に衰退します。その後、インドから仏教が伝来するとホータンは仏教王国となり、インド、中国、Uyghur Türük（ウイグルテュルク）、モンゴルとさまざまな地域の文化と民族を受容する西域南道最大のオアシス都市国家へと変貌を遂げました。

※1：月氏＝ソグド人といわれている。
※2：ウイグルは漢字圏ではないため「匈奴」という表記はない。そのため、ここでも日本で「匈奴」とする民族を「フン族」とする。

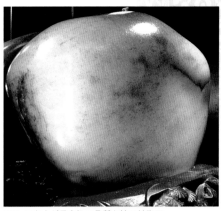

30Kgにおよぶ最高級の品質を持つ羊脂玉。

紀元後73年の後漢侵攻によりホータン王国は後漢の従属国となります。その後、突厥の支配下に入り、突厥はそれまでの遊牧生活から農耕生活に移行。シルクロードの南道と北道に多くの西域都市国家を誕生させました。

東西貿易を通じて、中国をはじめペルシャ、インドなどとの文化・経済の交流が盛んになりました。特に7世紀、唐の時代にホータン王国では再び玉の採掘ブームとなり、ウイグル族は積極的に両河床での採掘を推し進め、多くの玉材を中国へ提供することで経済力を強めてきました。また、中国では元の時代から玉

洪水期のユルンカシュ川で腰に羊の皮で作られた浮き輪を結び、玉を探す親子。

の彫刻工芸が凄まじい勢いで発展し、各地で有名な工匠が招集され、玉器を製造していきました。独特の生き生きとした写実的な表現が特徴で、観音像や花瓶、壺など多岐にわたる芸術品が製造され、のちに北京の故宮で秘蔵されるようになりました。

11世紀になると、ホータンはイスラム国家の東カラハン朝に支配され、国際交易の拠点から地方交易の拠点へと変わります。このとき、中国との玉交易は絶えてしまいます。

18世紀に中国で清王朝が誕生すると、清はホータン地域とYankent（ヤルカンド：現在の地名はYeken、イェケン）地域へ採玉者を送り、主に河川での二次鉱床の採掘管理と生産指導を仕切るようになりました。また、崑崙山脈の3800m〜4500mの高山地帯で玉の一次鉱床も発見され、大きくて中品質の軟玉の原石が直接採掘されるようになりました。それらは北京に運ばれ、著名な彫刻家によっていくつもの美術品となり、故宮（紫禁城）へ提供されました。

新中国の誕生後、1957年にケリイェ（ケリヤ）県（于田）に玉石鉱山局が設立され、新疆地質局ホータン地質隊により一次鉱床の地質調査が初めて行われました。その後、国家非金属鉱地質公司西北分公司の協力により、1983年までに崑崙山脈の西部、カ

シュガル地区のイェケン県からカグリック県（Qaghiliq）までの地帯、ホータン県からケリィェ県（Keriye）までの地帯、チェルチェン県（Cherchen）から崑崙山脈の東部チャクリック（チャルクリク）県（Chaqiliq）までの地帯など全長1000kmの広範囲に渡って探鉱を進めた結果、20か所に玉石鉱点を発見するに至りました。その中で経済的に見込みのある12か所の鉱山からダイナマイト爆破法や露天剥離採掘法で直接鉱山から原石を採掘するようになりました。

一方で、地元の人々による採掘はほとんどこの2つの川に限られており、毎年農閑期になると、数百人から数千人の人がホータン玉を探すため、掘ったり、拾ったり、川に入って足で踏みながら探す姿がみられました。

ホータン市街地からユルンカシュ川上流へ17kmほど行くと、川沿いの小さな村にTash Bazar（タシュ バザール）があり、古くから玉の売買が毎日行われていました。現在、ホータンの市街地には多数の玉取引所と販売店舗、工芸美術玉の彫刻場ができています。2008年に、資源枯渇と環境保護のため、河床での採掘は全面的に禁止されましたが、鉱石としては、チェルチェン県からの産出量が最も多く、崑崙山脈全体の70%を占め、玉細工の加工販売店は300軒にもおよびます。

天山山脈北部に位置するマナス地域の山脈では緑の濃い玉（ネフライト）が採掘されている。

ホータンの彫刻玉工場で玉を研磨しているウイグルの職人。

ホータン玉の魅力

1 〈目で感じる〉…ホータン玉を光に照らすと、半透明で母親の体の中の胎児のようなもう一つの別の世界が広がっているかのような錯覚に見舞われることがある。

2 〈肌で感じる〉…手の中でねっとりとした潤いを感じることができ、手の皮膚に密着し、離れようとしない感覚があると伝わる。

3 〈音で感じる〉…玉を叩くと清くて響きの良い、きれいな音が出る。特に質の良い玉（羊脂白玉）は余韻が低く遠くまで響く。

4 〈変化を感じる〉…不思議なことに、自分の一部のようにかわいがることで育つ玉といわれる。濁った色の玉でも、手に持ったり触ったりすることで変化し、透明度・白さや味わいが増していくと信じられている。

ホータンの石貿易市場でホータン玉を探す。

ウイグル社会に影響を与えた中国の玉文化

　中国の玉文化では、美しい玉は道徳の修得の象徴、吉祥への願い、平和・安心・厄除けの象徴、財産地位を表す印、長寿の証しであると信じられてきました。ウイグル社会においてもホータン玉は、最も重要な経済収入源の一つでした。近代になると、採掘だけでなく、積極的に漢民族の技師から彫刻技術を学び、テュルク系民族が好む動物、鳥、果物などの自由で活気のあるデザインの作品が作り出され、宝飾品や礼品として使う風潮が流行しました。

　ウイグルの女性は、絹製品「Etles（エトレス）」の服に、玉のブレスレット、ペンダント、ネックレスなどを組み合わせて身に着けることが一般的です。男性は主に親指の指輪とベルトのストラップとして用います。これらの習慣は万事順調であることを祈り、災いから身を守ると信じられてきたからです。さらに音がよく響く小玉を楽器のフレットとして使ったり、大型の玉石をハンマーやスケールなどの工具にしたり、建築材として家の柱の礎石にも使われます。

　古代から現在に至るまでホータンの人々は玉とともに生きています。中国の伝統的な玉文化の影響を受け、ウイグル社会に伝えられているホータン玉の魅力は上に挙げた4点にまとめられます。

[Chaydin hozurlunush]

（チャイディン ホズルルヌシュ）

———— 紅茶を楽しむ

精細な花柄が織り込ま
れた絨毯も人気の伝
統手工芸品のひとつ。

ウイグル人は老若男女皆お茶
好きでおもてなし好き。テーブ
ルにはいつもドライフルーツやク
ルミなどが置かれ、Etken Chay
（エッケンチャイ：濃く煮出した
紅茶に、ミルクと少量
の塩を入れたもの）や
薔薇の紅茶、蜂蜜入
り紅茶などと一緒
に楽しみます。

舞踊衣装のドッパ
とスカーフの下に
も三つ編みが。

左奥は、お茶を淹れるためのSamawar
（サマワール：湯沸かしポット）と茶
器。ブドウの柄が描かれている。

[Örüme chach]

（オォルュメ チャッチ）———— 三つ編み

ウイグル女性によく見られる髪型「三つ編
み」。腰まである長い髪を何本もの三つ編みに
した姿はとても愛らしく、ウイグル伝統衣装には
欠かせない風習のひとつです。
　古くからの伝承によると、女の子は幼い頃から
髪を伸ばし、年齢の数だけ三つ編みを作ります。
その数は奇数と決まっていて、年齢に近い数を編
んで垂らします。5歳なら5本、10歳なら9本か11

本という具合です。年齢とともに増やしていきま
すが、結婚すると2本に減らし、歳をとると1本の
太い三つ編みにします。近年では、ショートカット
にする女性も多いのですが、かつては、"女性は
髪を切ると縁が切れて幸せが逃げてしまう"とい
う言い伝えを守り、ウイグル女性は
生まれてから一度も髪の毛を切
ることがありませんでした。

ドッパ（帽子）の下から三つ編
みが揺れる。耳に薔薇の花を
差すことも多い。

第2章

ウイグル語を使ってみよう

日常でよく使われるフレーズや会話例文で、ウイグル語を学びましょう。

ウイグル語を学習するにあたって

1 この本では、ウイグル語のラテン式文字と発音、会話例、単語例、文法を紹介しています。ウイグル語が少しでも身近になればと考えています。

2 ウイグル語と日本語は文の構造が似ています。この本では「ウイグル語の語順が日本語とほぼ同じ」という特性を活かして、ウイグル語を学んでいきます。Lessonの会話例ではウイグル語文の下にそれぞれの単語の日本語訳を載せているので、日本語と対応させながら学ぶことができます。

例えば、（ウイグル語文） Men   tamaq-ni   étimen.

（日本語訳） 私（は） 料理-を   作ります。

（ウイグル語文） Tünügün dukan-gha kiyim-ni al-ghéli bardim.

（日本語訳） 昨日   お店-へ   服-を   買い-に   行きました。

3 第2章Lesson①～㉛はウイグル語の次の2つの特徴を頭に入れて読むと分かりやすくなるでしょう。文法は第3章（P.150～）から詳しく解説します。

①名詞や動詞などには、所有を示す「人称語尾・接辞」が付く

②単語は、前後の母音や子音の影響で、音が変化することがある

4 Lessonのウイグル語文には、比較的近い日本語の発音をカタカナで表記してありますので、ぜひウイグル語を口に出して親しむことから始めてみましょう。また、ウイグル語には、日本語にない音があるため、カナで表記するには限界があります※。実際に発音された音を聴けるようにYouTube動画を用意しています。あわせて活用してみてください。

※単語単体で読むときと前後に別の単語がくるときでは、同じ単語でも聞こえ方に違いがあるため、本書では例文によって単語のカナ表記が異なることがあります。

5

第2章のLessonでやるのはこんなことです。
会話の例文を見て、ウイグル語をどのように使うか覚えてください。

---

9. Men diqqet qilay.
   メン   ディッケト   クライ
   私（は） 気を付けます。

【diqqet（注意）、qil-maq（する）、
-ay（〜しよう）】

① 繰り返し音読して、文字と音に慣れましょう。Lessonで学ぶ会話文はYouTube動画と連動しています。

② ウイグル語の単語と日本語の単語を比較してみましょう。

③ 主な単語や重要文法要素の説明部分。動詞は基本形を記してあるので、会話文の中で単語がどのように変化しているのかの感覚をつかむことができます。
文末の「qilay」という単語は、[qil-maq（する）]と[-ay（〜しよう）]が合体したものだと理解できます。

私と一緒に発音練習をしましょう！

弟子

https://www.youtube.com/@Uyghurtili

Lessonが終盤にさしかかる頃には、よく出る単語や言い回しについて理解できていることでしょう。と同時に、文法についてもっと知りたくなってくるはずです。そのときには、第3章の文法（P.150〜）で学習をすすめてください。

◎ アラビア式ウイグル文字は慣れるまで時間がかかりますので、この本ではラテン（ローマ）字のアルファベットを使います。

◎ この本では、文法の構造を理解しやすくするために、便宜上、ほぼ全ての人称語尾や助詞、接辞の前に「-」（ハイフン）を付けています。「-」は実際のウイグル語では必要ありません。（➡P.156「文法」参照）

◎ 本書におけるウイグル語の単語の綴りは、2011年11月発行の『詳解現代ウイグル語辞典（第二版）』（新疆ウイグル自治区民族言語文字工作委員会：編）に基づいています。2011年以降に綴りに変化がみられ、その一部をP.211で紹介しています。ウイグル語は変化・改変が続いているため、同じ単語に複数の綴りが存在することがあります。

著者
サリタナ先生

文字（Herip）と発音（Teleppuz）

現代ウイグル語の文字は32個で、母音が8文字、子音は24文字から成っています。この中には日本語にはない発音が8個（q、gh、é、ü、ö、jh/zh、h、r）あります。

表の「母音一覧」と「子音一覧」には、次の要素を並べてあります。

アラビア式ウイグル文字	：現代ウイグル語で広く使用されている文字
ラテン式ウイグル文字	：ラテン（ローマ）字のアルファベット。本書ではこれを使用
発音（日本語）	：発音時のコツ。
発音記号	：発音記号と、日本語の中から比較的近い音を紹介
単語・発音例	：単語例（アラビア式ウイグル文字、ラテン式ウイグル文字）カタカナ表記付き

母音一覧 　現代ウイグル語32文字のうち、母音にあたる文字は8個あります。

アラビア式ウイグル文字	ラテン式ウイグル文字	発音（日本語）	発音記号	単語・発音例	
ئا	a	日本語の「ア」	[a] ア	aka ア カ （兄）	ئاكا
ئە	e	口を少し広く開けた「エ」、顎も少し下げる。[æ]に近い	[æ] エ	er エル （男）	ئەر
ئې	é	**日本語にない発音** 「イ」に近い「エ」	[e] エィ	éyiq エィイック （熊）	ئېيىق
ئى	i	「イ」に同じ	[i] イ	it イット （犬）	ئىت
ئو	o	「オ」に同じ	[o] オ	ot オット （火）	ئوت
ئۆ	ö	**日本語にない発音** 口と舌は「エ」の状態で唇を丸める。ドイツ語の[ö]に近い	[φ(ö)] オェ	öy オェイ （家）	ئۆي
ئۇ	u	唇を丸めた「ウ」	[u] ウ	un ウン （小麦）	ئۇن
ئۈ	ü	**日本語にない発音** 口と舌は[i]の状態で、唇を丸める。ドイツ語の[ü]に近い	[y] ウュ	üzüm ウュズュム （ブドウ）	ئۈزۈم

＜母音の発音ポイント＞

舌の位置 ＼ 唇の形	非円唇		円唇	
（陽性母音、奥舌母音）：**舌の奥の方で発音する系列**	a		u	o
（陰性母音、中舌母音）：**舌の中ほどで発音する系列**	e		ü	ö
（中性母音、前舌母音）：**舌の前で発音する系列**	i	é		

※母音グループや、ウイグル語を学ぶ際にとても重要な要素「音の変化」（単語に付ける助詞や接辞、語尾の中には、単語の語幹の音に合わせて変化がある現象）については、P.153で説明しています。

子音一覧　　子音にあたる文字は24個あります。

アラビア式ウイグル文字	ラテン式ウイグル文字	発音（日本語）	発音記号	単語・発音例	
ن	n	日本語ナ行音と同じ	[n]ン・ナ行	nanナン（ナン）	نان
ت	t	日本語タ行音と同じ	[t]タ行	tarタル（弦）	تار
س	s	日本語「サ、セ、ソ」のサ行音と同じ	[s]サ行	sa'etサエット（時計）	سائەت
ش	sh	日本語「シ」「シャ」の子音[ʃ]に近い	[ʃ]シ	sheherシェ ヘル（都市）	شەھەر
م	m	日本語マ行音と同じ	[m]マ行	menメン（私）	مەن
ل	l	日本語ラ行音に近い	[l]ラ行	lampaランパ（灯）	لامپا
ب	b	日本語バ行音に同じ	[b]バ行	béliqベリック（魚）	بېلىق
پ	p	日本語パ行音に同じ	[p]パ行	paqaパカ（カエル）	پاقا

（子音の続き）

アラビア式 ウイグル文字	ラテン式 ウイグル文字	発音（日本語）	発音記号	単語・発音例
ر	r	**日本語にない発音** 英語の[r]に近い。舌の先で震わせる音	[r] ラ行	radiyo ラディオ رادىيو （ラジオ）
ز	z	日本語の「ザ、ゼ、ゾ」の音に近い	[z] ザ行	zaman ザマン زامان （時代）
د	d	日本語「ダ、デ、ド」の音	[d] ダ行	ders デリス دەرس （授業）
ي	y	日本語ヤ行「ヤ、ヨ」の子音	[j] ヤ行	yolwas ヨルワス يولۋاس （虎）
ف	f	日本語のファ行音と同じ	[f] ファ行	fontan フォンタン فونتان （噴水）
ق	q	**日本語にない発音** 喉の奥で出す「ク」の発音。日本語のカ行よりも喉の奥で発音し、喉仏と舌根で破裂させる。後舌の[k]。	[q] カ行	qol コリ قول （手）
ك	k	日本語のカ行音と同じ	[k] カ行	kitab キタップ كتاب （本）
گ	g	日本語のガ行音と同じ	[g] ガ行	gül グル گۈل （花）
ڭ	ng	日本語の「漢語」の「ン」の音。英語のking ring の ng にあたる。nとgを別々に発音しない。鼻濁音。「ン」の後にくるガ行の音はほとんど発音されない。	[ŋ] ン（ギ）	yangaq ヤンアック ياڭاق （クルミ）
غ	gh	**日本語にない発音** 喉の奥で出す「ゲ」の摩擦音（破裂音で発音する場合もある）。[q]の濁音で、喉仏と舌根で発音するが、[q]は破裂させるのに対して、[gh]は摩擦音で発音する。破裂させても良い。痰を吐く前の喉鳴りの音に似ている。	[ɣ] ガ行	ghéjek ケジェク غېجەك ウイグルの楽器 （ギジェク）
ھ	h	**日本語にない発音** 母音に近い音で、喉の奥でかすかに摩擦させる発音。日本人には母音やハ行音のように聞こえるが、ため息のように喉の奥から音を出す。声帯を震わせる。	[h] ハ行	hawa ハワ ھاۋا （天気、空気）

66

アラビア式 ウイグル文字	ラテン式 ウイグル文字	発音(日本語)	発音記号	単語・発音例
ج	j	日本語の「ジ」の子音に近い音	[dʒ] ジ	jan ジャン （生命）　جان
چ	ch	日本語の「チェ」の子音に近い	[tʃ] チ	chélek チレック （筒）　چېلەك
خ	x	日本語のハ行音に似ているが、より強く息を出す。 hより日本語の「ヒ」の発音に近い。	[x] ハ行	xoma ホ　マ （ナツメヤシ）　خوما
ژ	jh ※ (zh)	**日本語にない発音** 日本語の「ジ」の発音に似ているが、舌を上に付けないで摩擦音を出す	[ʒ] ジ	jhurnal zhurnal （雑誌）　ژۇرنال
ۋ	w	日本語のワ行音に同じ	[v] ワ行	wagon ワ　ゴン （車両）　ۋاگون

※アラビア式ウイグル文字の[ژ]には、ラテン式ウイグル文字の[jh]、[zh]の2つがあてられており、どちらを使っても構いません。

現代ウイグルで使われるアラビア式ウイグル文字は、アラビア語とペルシア語由来の文字の中から一部の文字を廃止し、母音を書き分けるために符号を付けたものです。1音素が1文字に対応する表記になっています。書き方は右から左に進むように接続しながら表します。

مەن　＝　ن ＋ ە ＋ م
←

ئۇيغۇر　＝　ر ＋ ي ＋ ۇ ＋ غ ＋ ئۇ
←

ۋەتەن　＝　ن ＋ ە ＋ ت ＋ ە ＋ ۋ
←

└ 単語 ┘　　└──── 独立形での文字表記 ────┘

上図を見て分かるように、単独で文字を表記するときには基本の独立形を用いますが、同じ文字でも単語になると、その位置によって形が変化（語頭形、語中形、語尾形）するものがあります。（➡P.152「アラビア式ウイグル文字一覧」参照）

対面① 挨拶の言葉

1. Yaxshi-mu-siz?
ヤフシ ム スィズ

こんにちは。(お元気ですか?)

【yaxshi(良い)、-mu(か)、-siz(あなた)】

xは「強いh」

2. Yaxshi, sizchu?
ヤフシ スィズチュ

いいです、 あなたは?
(元気です)

【siz(あなた)、-chu(「〜は?」と疑問を表す接辞)】

qの発音は「喉奥のk」

3. Ehwalingiz qandaq?
エヘワリンギイズ カンダック

(調子は) いかがですか?

【ehwal(状況、調子)、-ngiz(あなたの:人称語尾)、qandaq(どうか?)】

eは「エ」よりも顎を下げて、口を横に開く、æに近い ／hは喉の奥から出す柔らかい「ため息のh」／ngは[ŋ]で鼻音の[g]／-ngizは「-ンギイズ」と発音する、ン(ギ)はŋ

r は舌を震わせる

4. Yaman emes, rehmet.
ヤマン エメス レフメット

悪くありません、 ありがとうございます。

【yaman(悪い)、emes(ない)、rehmet(ありがとう)】

([ö]は[e]の口で唇を丸める)

5. Öy-dikiler yaxshi-mu?
オェイディキレル ヤフシ ム

ご家族(は) 元気です-か?

【öy(家)、öy-diki(家の)、-ler(複数)】

6. Apingiz yaxshi-mu?
アピンギイズ ヤフシ ム

(あなたの)お母さん(は) 元気です-か?

【apa(母)、api-ngiz(あなたのお母さん:apaがapiに狭母音化する)】

7. Hemmisi yaxshi.
ヘムミスィ ヤフシ

皆 元気です。

【hemme(すべて)、-siは指定詞】

8. Xeyrlik seher.
ヘイリリック セヘル

おはようございます。

【xeyr(祝福、幸運、施し、良い、さようなら)、-lik(〜の)、seher(早朝)】

9. **Xeyrlik kech.**
ヘイリリック ケッチ

こんばんは。

【kech（夜、夕方）】

10. **Merhemet.**
メルヘメット

どうぞ（いらっしゃいませ）。

【merhemet（どうぞ、ご自由に）】

＜単語　xamsöz ＞

yaxshi	良い	apa（ana）	母
yaxshimu-siz?	こんにちは 慣用表現	hemme	すべて
ehwal	状況、立場、調子	xeyr	祝福、幸運、施し
qandaq	どうか？　どんな状態か	seher	早朝
yaman	悪い	kech	夜、夕方
emes	ない、否定	merhemet	どうぞ、ご自由に
rehmet	ありがとう	xeyrlik seher	おはよう 慣用表現
öy	家	xeyrlik kech	こんばんは 慣用表現
öy-diki	家の		

＜関連単語（munasiwetlik xamsöz）＞

salam サラム	あいさつ、 ご機嫌、敬意	roh ロフ	精神、魂	qarshi al-maq カルシ アル - マック	歓迎する
salam ber-mek サラム ベル - メック	挨拶する	salamet サラメット	健康	sewdayi セウダイ	熱烈な、 夢中な
uchrash-maq ウチラシュ - マック	会う	aman アマン	無事、平安	qizghin キズギン	熱烈
nachar ナチャル	悪い、良くない	edeplik エデップリック	礼儀正しい	semimiy セミミ	誠実な
keypiyat ケイピヤット	気分、雰囲気	hörmetlik ホェルメットリック	親愛なる、 尊敬な	xushxuy フシュフイ	朗らかな

著名ウイグル人の名言集①

كۆچەتنى تىكمىگۈچە كۆكلىمەيدۇ،
كىشىدە غايە بولمىسا، ھېچ نەرسىگە ئېرىشەلمەيدۇ.

Köchetni tikmigüche köklimeydu,
kishide ghaye bolmisa, héch nersige érishelmeydu.

苗木を植えないと緑にはならない、
人には理想がなければ、何も得られない。

مەھمۇد قەشقەرى
Mehmud Qeshqeri (1008-1105)

69

対面② 感謝の言葉

---

1. Rehmet.
レフメット

ありがとうございます。

【rehmet（ありがとう）】

---

q は「喉奥の k」

2. Siz-ni　　aware　　qildim.
スィズニ　　アワレ　　キルディム

あなた-に　　面倒（を）　　おかけしました。
（お世話になりました。）

【siz-ni（あなた-に）、aware qil-maq（面倒を掛ける）、aware（面倒な、まずしい）、qil-maq（する）】

---

3. Erzimeydu.
エルズィメイドゥ

どういたしまして。

【erzi-mek（値する）、-mey（否定）、-du（現在形語尾）】

---

ng は [ŋ] の発音、ンは ŋ。g にあたる音は発音しない

4. Tüzüt　　qilmang.
トゥズュト　　キルマン

遠慮　　しないでください。

【tüzüt（よそよそしさ、他人行儀）、-mang（〜しないで、するな）】

---

5. Japa　　tarttingiz.
ジャパ　　タルティンギィズ

ご苦労様でした。

【japa（苦しみ）、tart-maq（引く、掛ける）】

ル[l] は舌を上顎に付けるだけ

6. Aware　　boldingiz.
アワレ　　ボルディンギィズ

お手数　　おかけしました。

【bol-maq（なる）】

---

bek の k は破裂させない

7. Bek　　charchidingiz.
ベック　　チャルチディンギィズ

大変　　お疲れ様でした。

【bek（たいへん、とても）、charchi-maq（疲れる）】

---

8. Teshekkür éytimiz.
テシェッキュル　エィイティミズ

感謝（を）　　申し上げます（私達）。

【teshekkür（感謝）、éyt-maq（言う）、-miz（私達）】

---

9. Héchqisi yoq.
　ヘィチキスィ　ヨック

　なんでも　　ありません。
　（問題ありません）

【héch（まったく、全然）、héchqisi（なんでも）、yoq（ない）】

10. Tartinmay öy-ge kéliwéring.
　タルティンマイ　オェイゲ　ケィリウェィリン

　遠慮しないで家-に　　来てください。

【tartin-maq（遠慮する）、kel-mek（来る）】

＜単語　xamsöz ＞

aware qil-maq	面倒を掛ける 慣用表現	bek	たいへん、とても
aware	面倒な、まずしい、手をかける	charchi-maq	疲れる
qil-maq	する、やる、なる	teshekkür	感謝
erzi-mek	値する	éyt-maq	言う
tüzüt	よそよそしさ、他人行儀	héch	まったく、全然
japa	苦しみ	héchqisi	なんでも
tart-maq	引く、掛ける	yoq	ない
japa tartingiz	ごくろうさま 慣用表現	tartin-maq	遠慮する
bol-maq	なる、する、である、です、起こる	kel-mek	来る

＜関連単語（munasiwetlik xamsöz）＞

xushal / xoshal ホゥシャル / ホシャル	うれしい、愉快な	razi bol-maq ラズィ ボル-マック	満足する
xursen ホゥルセン	うれしい、満足した	memnun メムヌム	満足
qutluq クットルック	めでたい、幸福な	tesirlik テスィルリック	感動的
minnetdar (men) ミンネットダル（メン）	恩に着る、感謝する	xijil bol-mang ヒジル ボル-マン	遠慮しないでください、恥ずかしがらないでください
éhtiram イフティラム	敬意	nomus qil-mang ノムス キル-マン	恥ずかしがらないでください

著名ウイグル人の名言集②

ئوتنى يالقۇن بىلەن ئۆچۈرگىلى بولمايدۇ.

Otni yalqun bilen öchürgili bolmaydu.

火は炎で消せぬ。

مەھمۇد قەشقەرى
Mehmud Qeshqeri (1008-1105)

71

対面③ **お詫び・断りの言葉**

1. **Kechürüng.**
   ケチュルン
   すみません。

   【kechür-mek（許す）、-üng（丁寧な命令形）】

2. **Epu soraymen.**
   エプ ソライメン
   申し訳ありません。

   【epu（許し）、sori-maq（尋ねる、求める）】

3. **Epsus,   ete   ishim   bar.**
   エプスス   エテ   イシム   バル
   残念ですが、 明日(は) 用事(が) あります。

   【epsus（遺憾、残念）、ete（明日）、ish（こと、仕事、用事）】

4. **Men   kéchikip qaldim,   kechürüng.**
   メン   ケィチキップ カルディム   ケチュルン
   私(は) 遅れて   しまいました、 すみません。

   【kéchik-mek（遅れる、遅刻する）】

5. **Kechürüm soraymen.**
   ケチュルム   ソライメン
   お詫び(を)   申し上げます。

   【kechürüm（許し、恩赦）】

6. **Xapa bolmang, qesten   emes.**
   ハパ ボルマン   ケステン   エメス
   怒らないでください、わざとでは ありません。

   【xapa（怒り、悩み）、xapa bol-maq（怒る）、-mang（～しないで、するな）、qesten（故意）】

7. **Renjimeng,   men qehwe-ni töküwettim.**
   レンジメン   メン ケフウェニ トェキュウェッティム
   怒らないでください、私(は) コーヒー-を こぼしてしまいました。

   【renji-mek（怒る、腹が立つ）、tök-mek（こぼす）】

8. **Könglingiz-ge almang,**
   コェンギリンギイズ ゲ   アルマン
   気-に   しないでください、

   derhal almashturup bérimen.
   デルハル アルマシトゥルップ ベィリメン
   すぐに   取り替えて   あげます。

   【köngül（心、気持ち:母音脱落）、-ingiz（「あなたの」の意味の人称接辞）、al-maq（取る）、könglingizge almang（気にしないでください）、derhal（すぐに）、almashtur-maq（交換する）、ber-mek（あげる）】

9. **Men   diqqet qilay.**
   メン   ディッケト クライ
   私(は) 気を付けます。

   【diqqet（注意）、qil-maq（する）、-ay（～しよう）】

10. Biz yighin-gha qatnashmaymiz.
ビズ　イギン　ガ　カットナシマイミズ
私達（は）　会議-に　参加しません。

【yighin（会議）、qatnash-maq（参加する）】

11. Ete biz baralmaymiz.
エテ　ビズ　バラルマイミズ
明日　私達（は）　行けません。

【ete（明日）、bar-maq（行く）、
bar（行くの未然形）に、下記の接辞が付くと
否定 → bar-**al-may**-miz（私達は行けません）
可能の助動詞の 否定形 may 1人称複数、
肯定 → bar-**al-ay**-miz（私達は行けます）
可能の助動詞の 肯定形 ay 1人称複数】

12. Maqul, men dep qoyay.
マクル　メン　デップ　コヤイ
了解です、私（が）　伝えて　おきましょう。

【maqul（承諾、了解）、di-mek（言う、伝える）、qoy-maq（置く）】

13. Toghra, men siz éytqan-dek qilimen.
トグラ　メン　スィズ　エィイトカン　デック　キリメン
その通りです、私（は）あなた（が）言った-ように　します。

【toghra（正しい、その通り）、
-dek（～ように）】

< 単語　xamsöz >

kechür-mek	許す	könglingizge almang	気にしないでください 慣用表現
epu	許し	derhal	すぐに
sori-maq	尋ねる、求める、聞く、質問する	almashtur-maq	交換する
epsus	遺憾、残念	ber-mek	あげる、与える、くれる
ish	こと、仕事、用事	diqqet	注意
kéchik-mek	遅れる、遅刻する	yighin	会議
kechürüm	許し、恩赦	qatnash-maq	参加する
xapa	怒り、悩み	ete	明日
xapa bol-maq	怒る	bar-maq	行く、伺う、着く、達する
qesten	故意	maqul	承諾、了解
renji-mek	怒る	di-mek	言う、伝える
tök-mek	こぼす	qoy-maq	置く、残す
köngül	心、気持ち、心情	toghra	正しい、その通り、正確
al-maq	取る	-dek	～ように、～ような

< 関連単語 （munasiwetlik xamsöz） >

xatirjem bolung ハティルジェム ボルン	安心してください	turaqsiz トゥラクスィズ	不安定
xatirjemsiz ハティルジェムスィズ	不安	ensirmeng エンスィルメン	心配しないでください
biaram ビアラム	不安な、落ち着かない	köngülsiz コェングュルスィズ	不愉快
teshwish テシウィシ	不安、心配	ensizlik エンスィズリック	心配

73

対面④　別れの挨拶

1. **Xeyr　xosh.**
   ヘイル　　ホシ

   > xは「強いh」、りはr

   さようなら。

   > コェ[kö]は「ケ」の口で唇を丸める。
   > 「コェ」を一音節で発音する

   【xeyr（さようなら）、
   xosh（よし、さようなら）】

2. **Ete　körüsheyli.**
   エテ　　コェルュシェイリ

   明日　会いましょう。（また明日）

   【ete（明日）、körüsh-mek（会う）、
   -(y)li（〜しよう）】

3. **Yaxshi　turung.**
   ヤフシ　　トゥルン

   お元気で（いてください）。

   【tur-maq（立つ、存在する、止まる）、
   -ung（「あなた」の人称接辞）】

4. **Kéler yili-mu　kéling.**
   ケィレル イリ　ム　ケィリン

   来　　年-も　　来てください。

   【kéler（次の）、yil（年）、-ing（2人
   称に対する勧誘・命令）】

5. **Béket-kiche　uzatmisingiz-mu　bolidu.**
   ベィケット キチェ　ウザットミスィンギィズ　ム　ボリドゥ

   駅-まで　　　　見送らなくて-も　　　いいです。

   【béket（駅）、-kiche（まで）、
   uzat-maq（見送る）】

6. **Eti-mu　öyingiz-ge　barsam　bolamdu?**
   エティ　ム　オェインギィズ ゲ　バルサム　ボラムドゥ

   明日-も　（あなたの）家-に　お伺いして　いいですか？

   【eti-：ete（明日）が狭母音化した
   もの、öy（家）、bar-maq（行く、伺
   う）、-sam（〜しても、許可をもらう
   ために使用する）】

7. **Bolidu,　qachan kelsingiz boliwéridu.**
   ボリドゥ　　カチャン　ケルスィンギィズ ボリウェィリドゥ

   いいですよ、いつ　　来て（も）　大丈夫です。

   【qachan（いつ）、bol-maq（であ
   る、です）】

8. **Aware qildim,　yene kéyinche sözlisheyli.**
   アワレ キルディム　　イェネ　ケィインチェ ソェズリシェイリ

   ご迷惑かけました、また　あとで　話しましょう。
   （お手数おかけしました）

   【aware（面倒な）、yene（また）、
   kéyin（あとで）、kéyinche（少しあ
   とで）、sözli-mek（話す）】

9. Aptobus keldi,
アップトブス　ケルディ

バス（が）　来ました、

diqqet qilip　ménging.
ティッケット　クリップ　メィンギイン

気を付けて　　　行ってください。

【aptobus（バス）、
diqqet（注意）、diqqet qil-maq（気を付ける）、
mang-maq（行く、歩く）】

10. Sizge köp rehmet,
スィズゲ　コェプ　レフメット

大変ありがとうございました。

emdi men öy-ge qaytay.
エムディ　メン　オェイゲ　カイタイ

では　　私（は）　家-に　帰ろう。

【emdi（では）、öy（家）、
qayt-maq（帰る）、-ay（〜しよう）】

＜ 単語　xamsöz ＞

xeyr xosh	さようなら 慣用表現	tur-maq	立つ、存在する、止まる、住む、いる		
körüsh-mek	会う	yaxshi turung	お元気で 慣用表現		
kéler	次の	aware	面倒な	aptobus	バス
yil	年	yene	また、他に	diqqet qil-maq	気を付ける
béket	駅	kéyin	あとで、後	mang-maq	行く、歩く
uzat-maq	見送る	kéyinche	少しあとで	emdi	では
qachan	いつ	sözli-mek	話す	qayt-maq	帰る

＜ 関連単語（munasiwetlik xamsöz） ＞

aman bolung アマン ボルンギ	お元気で	ayril-maq アイリル-マック	離れる、別れる	teqdirdash テックディルダシ	運命的
xoshlushush ホシルシュシ	告別	menggülük メンググュルュック	永遠の		
xoshlash-maq ホシラシ-マック	告別する	ajrishish アジルシシ	離婚		

著名ウイグル人の名言集③

ئۆزۈڭ مەڭگۈ ئەمەس، بەلكى نامىڭ مەڭگۈدۇر.

Özüng menggü emes, belki naming menggüdur.

君自身が永遠ではなく、むしろ名誉が永遠だ。

يۇسۇپ خاس ھاجىپ
Yüsüp Xas Hajip(1019-1085)

tebriklesh we musibet toghrisida

対面⑤ 祝いの言葉／お悔やみの言葉

1. **Mubarek   bolsun.**
ムバレック   ボルスン

   おめでとうございます。(祝福がありますように)

   【mubarek(喜ばしい)】

2. **Mektep-ke kirginingiz-ni   tebrikleymen.**
メクテップ ケ キリギニンギイズ ニ テブリックレイメン

   学校-に   入学したこと-を   祝います。
   (ご入学おめでとうございます)

   【mektep(学校)、
   kir-mek(入る)、
   -gin(動詞連体形、名詞形語尾)、
   tebrikli-mek(祝賀する、祝う)】

3. **Yéngi   öyingiz-ge   mubarek.**
イェィンギイ オエインギイズ ゲ   ムバレック

   新しい   家(あなたの)-に、 おめでとう。
   (ご新居、おめでとうございます)

4. **Bayram-ni qutluqlaymiz.**
バイラム ニ クットルックライミズ

   祭り-を   祝福します(私達)。
   (祝日をめでるときに言う言葉)

   【bayram(祝日、祭日)、
   qutluqli-maq(祝う、祝福する)】

   ┌─────────────────────────┐
   │ ウイグルでは、ラマダンと次の三大
   │ 祭りを大切にしています。
   │ ・Ramazan(ラマダン、断食月)
   │ ・Rozi Héyt
   │ 　(ロウズィヘイット、ラマダン明け祭り)
   │ ・Qurban Héyt
   │ 　(クルバンヘイット、犠牲祭り)
   │ ・Noruz/Nowruz
   │ 　(ノルズ/ノウルーズ、春分祭り)
   └─────────────────────────┘

5. **Dadam-din   menggülük   ayrildim.**
ダダム ティン メンギギュルック アイリルディム

   父-から   永遠に   別れました。
   (父が永眠しました)

   【dada(お父さん)、menggülük(永遠
   に)、ayril-maq(離れる、別れる)】

6. **Könglimiz yérim   boldi.**
コェンギリミズ イェィリム ボルディ

   心(が)   苦しく   なりました。

   【köngül(心、心情、気持ち)、yérim
   (半分)、köngül yérim bol-maq(心
   苦しくなる)】

7. **Qayghurmang,**
カイグルマン

   悲しまないでください、

   【qayghur-maq(悲しむ)、salamet
   (健康、平安、無事)】

   salametlikingiz-ge diqqet qiling.
サラメットリキンギイズ ゲ ディケット キリン

   健康-に   気を付けてください。
   (身体-に)

76

8. Yaxshi aram éling.
ヤフシ　アラム　エィリン

よく　休んで　ください。

【aram（休息）、
al-maq（取る）→ él + ing】

9. Bu epsuslinarliq ish, amal yoq.
ブ　エップススリナリック　イシ　アマル　ヨック

これ（は）残念なことですが、仕方ありません。

【epsuslan-maq（残念に思う）、
epsuslinarliq（残念な）、amal yoq
（仕方がない）、amal（方法）】

＜単語　xamsöz ＞

mubarek	喜ばしい	yérim	半分
mektep	学校	qayghur-maq	悲しむ
kir-mek	入る	salamet	健康、平安、無事
tebrikli-mek	祝賀する、祝う	aram	休息、休み、休憩
bayram	祝日、祭日	al-maq	取る
qutluqli-maq	祝う、祝福する	epsuslan-maq	残念に思う
dada	お父さん	epsuslinarliq	残念な
menggülük	永遠に	amal yoq	仕方がない 慣用表現
ayril-maq	離れる、別れる	amal	方法
köngül yérim bol-maq	心苦しくなる 慣用表現		

＜関連単語（munasiwetlik xamsöz）＞

shatliq シャットリック	喜び、楽しみ	toy murasimi トイ ムラスィミ	婚式	tughulghan kün トゥグルガン クゥン	誕生日
mektep püttürüsh メクテップ プュトゥルュシ	学校卒業	nika ニカ	婚約	xetne toyi ヘットネ トイ	割礼式
seltenetlik セルテネットリック	壮麗な、雄大な	héyt ヘィット	祭り	nezir (depne) ネズィル（デップネ）	葬式
xushal kün ホシャル クゥン	嬉しい日	ramazan ラマザン	断食	wesiyet qil-maq ウェスイイエット クル - マック	遺言する
xatire kün ハティレ クゥン	記念日	wéda ウィダ	別れ	matem tut-maq マテム トゥット - マック	追悼する
dua qil-maq ドゥア クル - マック	祈る	tughut トゥグット	出産		

著名ウイグル人の名言集④

ئەقىل كۆركى تىلدۇر ، تىلنىڭ كۆركى سۆز ،
كىشىنىڭ كۆركى يۈزدۇر ، يۈزنىڭ كۆركى كۆز .

Eqil körki tildur, tilning körki söz,
kishining körki yüzdur, yüzning körki köz.

知恵の橋は言語である、言語の橋は言葉である、
人の橋は顔である、顔の橋は目である。

يۇسۇپ خاس ھاجىپ
Yüsüp Xas Hajip(1019-1085)

交際① 紹介の言葉

1. Ismingiz　néme?
イスミンギイズ　ネィメ
お名前 (は)　何ですか?

【isim（名前、iが脱落）、-ingiz（あなたの）、néme（何）】

2. Mé-ning　Ismim　Ayshem.
メィ ニン　イスミム　アイシェム
私-の　名前 (は)　アイシェム (です)。

【-m（私の）】

3. Tunji qétim　körüshkinimiz,　mé-ning　ismim　Yamaguchi.
トゥンジ ケィティム　コェルュシキニミズ　メィ ニン　イスミム　ヤ マ グ チ
初めて　お目にかかります、私-の　名前 (は)　山口です。

【tunji（初の）、qétim（回）】

4. Ismingiz-ni　burun-din tartip　bilettim.
イスミンギイズ ニ　ブルン ディン タルティップ　ビレッティム
お名前-を　昔-から　存じ上げています。

【burun（昔）、-din tartip（〜から）、bil-mek（知る、存じる）】

5. U　kim?
ウ　キ ム
彼 (は)　誰ですか?

【u（彼、彼女、それ）、kim（誰）】

6. Mé-ning　dostum.
メィ ニン　ドストゥム
私-の　友達です。

【mé-ning（私-の）、dost（友達）、-(u)m（私:人称）】

7. Bu　kishi　kim?
ブ　キ シ　キ ム
この　方 (は)　どなたですか?

【bu（この）、kishi（人、方）】

8. Siz　oqutquchi-mu?
スィズ　オクットクチ ム
あなた (は)　先生です-か?

【oqutquchi（先生）】

9. Shundaq,　men　aliy-mektep-ning　oqutquchisi.
シュンダック　メン　アリ メクテップ ニン　オクットクチスィ
そうです、私 (は)　大学-の　教師です。

【shundaq（そうだ）、aliy-mektep（大学）】

10. Bu　adem-ni　tonamsiz?
ブ　アデム ニ　トナムスィズ
この　人-を　知っていますか?

【adem（人）、-ni（を）、tonu-maq（知る、覚える）、-siz（あなた）】

11. Yaq, tonumaymen.
ヤック　　　　トヌマイメン

いいえ、　　知りません。

【yaq（いいえ）、-may-（否定）、-men（私）】

12. He, tonuymen.
ヘ　　　　　トヌイメン

はい、　　　知っています。

【he（はい、うん、やぁ）、-y-（挿入子音）】

13. Siz-ning dostungiz-mu ?
スィズ ニン　　ドストゥンギイズ　ム

あなた-の　　友達です-か?

【dost（友達）+ungiz+mu】

14. Shundaq, mé-ning yéqin dostum.
シュンダック　メィ ニン　イェイキン　ドストゥム

そうです、　私-の　　　親しい　　友達です。

【yéqin（近い、親しい）】

15. Dostum Sato-ni tonushturmaqchi.
ドストゥム　　サトウ ニ　　トヌシトゥルマックチ

友人の　　　佐藤さん-を　紹介するつもりです。

【tonushtur-maq（紹介する）】

16. Essalam, men alim-ning sawaqdishi salina bolimen.
エッサラム　　　メン　　アリム ニン　サワックディシ　サリナ　ボリメン

はじめまして、私（は）　アリム-の　同級生である　サリナ　です。

【essalam（挨拶用語で、こんにちは、はじまして）、sawaqdash（同級生）】

< 単語　xamsöz >

isim	名前	mé-ning	私の	tonu-maq	知る、覚える
néme	何	dost	友達	yaq	いいえ
tunji	初の	bu	この	he	はい
qétim	回、度	kishi	人、方	yéqin	近い、親しい
burun	昔、以前	oqutquchi	先生、教師	tonushtur-maq	紹介する
bil-mek	知る、存じる、分かる	shundaq	そうだ	essalam	（挨拶用語）[借用表現]
u	彼、彼女、それ	aliy-mektep	大学		こんにちは、はじまして
kim	誰	adem	人	sawaqdash	同級生

< 関連単語 （munasiwetlik xamsöz） >

tonushtur-maq 紹介する		uchrat-maq 出会う
トヌシトゥル - マック		ウチラット - マック
tonush-maq 知り合う		bérish-kélish qil-maq
トヌシ - マック		ベィリシ・ケィリシ クル - マック
tonush 知り合い		付き合う
トヌシ		

● 「はい」と「いいえ」

・はい（Yes）
　he　　　　はい、うん
　he'e　　　はい（強調）
　（shundaq　そうです、そのとおり）

・いいえ（No）
　yaq　　　　いいえ

79

ziyaret qilish toghrisida

交際② **訪問**

1. **Aygül,　 bügün　 waqtingiz bar-mu?**
アイギュル　　ブュギュン　ワックティンギイズ　バル ム
アイギュル、 今日　　 時間　　　 あります-か?

【bügün(今日)、waqit(時間:母音脱落)、bar(ある)】

2. **Bar,　　 néme　 boldi?**
バル　　　　ネィメ　ボルディ
あります、 どうしましたか?

【néme(何、どうして)、bolmaq(なる、する)】

3. **Mu'ellim bilen　 körüshüp　 kélemduq?**
ム エルリム ビ レン　コェルュシュプ　ケィレムドック
先生　　 と　　 会って　　 きましょうか?

【mu'ellim(先生)、bilen(~と)、körüsh-mek(会う)、kél-em-duq(来る-か?-私達)】

4. **Alim-din　 ehwal sorayli.**
アリム ディン　エフワル ソライリ
アリム-を　 見舞おう。

【ehwal sori-maq(見舞う)、ehwal(状況、立場)】

5. **Apingiz-ni　　　　 yoqlaymiz.**
アピンギイズ ニ　　　 ヨックライミズ
(あなたの) お母さん-を 訪ねます (私達)。

【yoqli-maq(見舞う、訪ねる)】

6. **Rehmet,　 aware　 bolmangla.**
レフメット　アワレ　ボルマンギラ
ありがとう、 気を　 つかわないでください (皆さん)。

【aware(面倒)、-la(複数の場合に使用、強調の語気詞)】

7. **Sowghat élip kelmeng, quruq qol　 kéling.**
ソウガット エィリプ ケルメン クルック コル　ケィリン
お土産 (は) 持って こないで、 手ぶら (で) 来てください。

【sowghat(お土産)、al-(取る、持つ、得る)、kel-(来る)、quruq(空)、qol(手)、quruq qol(手ぶら)】

8. **Kech　 sa'et 5-te, balam-ni　 élip　 barimen.**
ケッチ　サエット ベシテ　バラム ニ　エィリプ　バリメン
夕方　 5時-に、 子供-を　 連れて 伺います。

【kech(夕方、夜)、sa'et(時間、時計)、bal(子供)】

9. **Chüsh　 sa'et 12 -de　 aptobus　 béket-kiche　 al-ghili　 barimen.**
チュシ　サエット オンイッキ デ　アップトウズ　ベィケット キ チェ　アル ギ リ　バリ メン
昼　　 12時　 -に　 バス　　 停-まで　　 迎え-に　 行きます。

【chüsh(昼)、aptobus(バス)、béket(駅)、al-maq(迎える)、-ghili(~しに、連動詞として、前に目的が来ます)】

10. **Chong zawut　 bar,　　 shu yer-ni belge　 qilip　 kéling.**
チョン　ザウット　バル　　シュ イェル ニ ベルゲ　クリップ　ケィリン
大きな 工場 (が)　 あります、 そこ-を　 目印 (に) して　 来てください。

【chong(大きい)、zawut(工場)、shu yer(その場所、そこ)、belge(目印)】

11. Xeriti-ni sizip bérimen, kör-gili kélemsiz?
ヘリティ ニ　スィズィプ　ベリメン　コェル ギリ　ケィレムスィズ
地図-を　書いて　あげます、　見-に　きますか?

【xerite(地図)、siz-maq(描く)】

12. Siz bilen körüsh-mekchi idi.
スィズ　ビレン　コェルュシ メックチ　イディ
あなた　に　会う-つもり　です(彼)。

【-maqchi, -mekchi(~するつもり、未来に何かをする意思がある表現)】

13. Yataq öyingiz-ge kirsem bolamdu?
ヤタック オェインギィズ ゲ　キルセム　ボラムドゥ
寝室-に　入っても　良いですか?

【yataq öy(寝室)】

14. Kiring!
ケィリン
お入りください!

< 単語　xamsöz >

bügün	今日	qol	手
waqit	時間	sa'et	時間、時計
bar	ある	bala	子供
bol-maq	なる、する	chüsh	昼
mu'ellim	先生	aptobus	バス
bilen	~と	al-maq	迎える
ehwal sori-maq	見舞う	chong	大きい
ehwal	状況、立場	zawut	工場
yoqli-maq	見舞う、訪ねる	shu yer	その場所、そこ
sowghat	お土産	belge	目印
al-maq	取る、持つ、得る	xerite	地図
kel-mek	来る	siz-maq	描く
quruq	空	yataq öy	寝室

< 関連単語　(munasiwetlik xamsöz) >

körüp kélish コェルュップ ケィリシ	見て来ること	ehwal エフワル	調子、体調
hali ハリ	状況、状態	mijez ミジェズ	気分、性格

■ 著名ウイグル人の名言集⑤

كۆزى توق كىشىلەر ئەڭ باي كىشىلەردۇر.

Közi toq kishiler eng bay kishilerdur.

足るを知る人たちは最も裕福な人たちである。

يۈسۈپ خاس ھاجىپ
Yüsüp Xas Hajip(1019-1085)

交際③ 家族について話す

1. Siler-ning　a'ili-de　qanche　jan　bar?
スィレル　ニン　アイリ　デ　カンチェ　ジャン　バル
あなた達-の　家族-に　　何　　　人　　いますか?
(-は)

【a'ile（家族、家庭）、qanche（いくつ）、jan（命、家族、人）】

2. Mé-ning　a'ilem-de　6 jan　bar.
メィ　ニン　アイレム　デ　ジャン　バル
私-の　　　家族-に　　6 人　います。
(-は)

【alte（6）】

3. Qanche　qérindash?
カンチェ　ケィリンダシ
何人　　　兄弟ですか?

【qérindash（兄弟）】

4. Töt　qérindishim　bar.
トェット　ケィリンディシム　バル
4人　　兄弟（が）　　　　いますか。

【töt（4）】

5-1.Ikki　akam　bilen　bir　ukam　bar.
イッキ　アカム　ビレン　ビル　ウカム　バル
2人（の）　兄　　と　　1人（の）　弟（が）　います。

【ikki（2）、aka（兄）、bilen（と）、uka（弟）】

5-2.Bir　akam　xizmetchi,　yene　birsi　aliy-mektep oqughuchisi,
ビル　アカム　ヒズメットチ　イェネ　ビリスィ　アリ　メクテップ オクグチ スィ
1人（の）　兄（は）　会社員（で）、　もう　1人（は）　大学生です、

ukam　bashlanghuch mektep oqughuchisi.
ウカム　バシラングッチ メクテップ オクグチ スィ
弟（は）　小学生です。

【xizmetchi（会社員）、mektep（学校）、aliy-mektep（大学）、oqughuchi（学生・生徒）、aliy（最高の、高等の）、bashlanghuch（初めの、初等の）、bashlanghuch mektep（小学校）】

5-3.Hedem　sughurta　shirkiti-de　ishleydu,
ヘデム　スグルタ　シルキティ デ　イシレイドゥ
姉（は）　保険　　会社-に　　勤めています、

singlim　öy ayali.
スンギリム　オェイ アヤリ
妹（は）　主婦です。

【hede（お姉さん）、sughurta（保険）、shirket（会社）、ishli-mek（働く、勤める）、singil（妹）、öy ayali（主婦）】

6. Siz　toy　qilghan-mu?
スィズ　トイ　キルガン ム
あなた（は）　結婚　しました-か?

【toy（結婚）、qil-maq（する）、-ghan（過去を表す）】

82

7. **Men toy qilghan, ikki oghlum bar.**
メン　トイ　キルガン　イッキ　オグルム　バル

私 (は)　結婚　しました、　2人 (の)　息子 (が)　います。

【oghul（息子:母音脱落）】

8. **Qanche newringiz bar?**
カンチェ　ネウリンギイズ　バル

何人 (の)　お孫さん (が)　いますか?

【newre（孫）】

9. **Mé-ning newrem yoq.**
メィニン　ネウレム　ヨック

私-の　　孫 (は)　　いません。
　(には)

【newre（孫）】

10. **Bextlik a'ile iken siler.**
ベヒットリック　アイレ　イケン　スィレル

幸せな　　　家族　ですね　君達 (は)。

【bext（幸せ）、-lik（～の）、iken（～ですね、確認を表す）、siler（君達、あなた達）】

11. **Men siz-ni yaxshi körimen.**
メン　スィズニ　ヤフシ　コェリメン

私 (は)　あなた-が　好きです。

【yaxshi kör-mek（好きになる）】

12. **Bu kishi kona tonushum.**
ブ　キシ　コナ　トヌシュム

この　方 (は)　古い　知り合いです (私の)。

【tonush（知り合い）】

13. **U yer-de olturghan akam.**
ウ　イェル　デ　オルトゥルガン　アカム

あそこ-に　座っている (のは)　兄です (私の)。

【oltur-maq（座る）】

＜単語　xamsöz＞

a'ile	家族、家庭	oqughuchi	学生、生徒、児童	toy	結婚
qanche	いくつ、いくら、何	bashlanghuch mektep		oghul	息子
jan	命、家族、人		小学校	newre	孫
alte	6	hede	お姉さん	bext	幸せ
qérindash	兄弟	sughurta	保険	yaxshi kör-mek	好きになる
ikki	2	shirket	会社		**慣用表現**
aka	兄	ishli-mek	働く、勤める	tonush	知り合い
uka	弟	singil	妹	oltur-maq	座る
xizmetchi	会社員	öy ayali / (a'ile ayali)　主婦		töt	4

83

＜関連単語（munasiwetlik xamsöz）＞

chong dada (ata) チョン ダダ（ダダアタ）	おじいさん、祖父	küyü oghul クユユ オグル	義理の息子
chong apa (ana) チョン アバ（アバアナ）	おばあさん、祖母	kélin ケィリン	嫁
bowa ボワ	おじいさん、高齢の男性	tagha タガ	おじさん
moma モマ	おばあさん、高齢の女性	hamma ハッマ	おばさん
ata (dada) アタ（ダダ）	父親	qéynata ケィイナタ	舅（しゅうと）、妻や夫の父
ana (apa) アナ（アバ）	母親	qéynapa ケィイナバ	姑（しゅうとめ）、妻や夫の母
érim エィリム	（私の）夫	qéynsingil ケィイネスィンギイル	義妹、妻や夫の妹
ayalim アヤリム	（私の）妻	qéynuka ケィイネウカ	義弟、妻や夫の弟
ata-ana アタ - アナ	両親	tuqqan トゥッカン	親戚
qérindash ケィリンダシ	兄弟	newre tuqqan ネウレ トゥッカン	いとこ
acha (hede) アチャ（ヘデ）	姉	jiyen qiz ジイェン キズ	めい
bala バラ	子供	jiyen oghul ジイェン オグル	おい
qiz キズ	娘	bowaq ボワック	赤ちゃん

著名ウイグル人の名言集⑥

ساڭا يامانلىق قىلغان كىشگە سەن ياخشىلىق قىل،
ياخشى بىلگىنكى، بۇ كەڭ قورساقلىقنىڭ ئۈستۈن پەللىسىدۇر.

Sanga yamanliq qilghan kishige sen yaxshiliq qil,
yaxshi bilginki, bu keng qorsaqliqning üstün pellisidur.

あなたに悪いことをした人へは良いことをしなさい、
よく知るべきことは、これが寛容の極みである。

ئەھمەد يۇكنەكى
Ehmed Yükneki（12~13-esir, 12~13世紀）

yash-quram toghrisida

交際④ 年齢について

1. Qanche yash-qa kirdingiz?
カンチェ　ヤシカ　キリディンギイズ

何　　　　歳-に　　　なりましたか？

【yash（とし）、kir-mek（入る、加わる、移る）】

2. Ottuz besh yash-qa kirdim.
オットゥズ ベ シ　ヤ シ カ　キルディム

35　　　　　　　歳-に　　　なりました。

【ottuz besh（35）】

3. Oghlingiz qanche yash?
オグリンギイズ　カンチェ　ヤシ

息子さん（は）　何　　　歳ですか？

4. Téxi on yash-qa kirmidi.
ティヒ　オン ヤシカ　キルミディ

まだ　10　歳-に　　なっていません。

【téxi（まだ）、on（10）】

5. Qizim on bir yash.
キズィム　オン ビル　ヤ シ

娘（は）　11　　　歳です。

【qiz（女の子、娘）、on bir（11）】

6. Ikkimiz-ning yéshi oxshash iken.
イッキミズ ニ ン　イェィシ　オフシャシ　イケン

私達2人-の　　年（は）　同じ　　ですね。

【ikkimiz（私達二人）、yéshi（yashの後にiが付くので、aがéに変化）、oxshash（同じ）】

7. Yash iken siler.
ヤ シ　イケン スィレル

若い　ですね（君達）。

【yash（若い、若者）、iken（～ですね）】

8. Atmish yash-mu? yetmish yash-mu?
アットミシ　ヤ シ ム　イットミシ　ヤ シ ム

60　　　　歳です-か？　70　　　　　歳です-か？

【atmish（60）、yetmish（70）】

9. Men atmish yash-qa kirdim.
メ ン　アットミシ　ヤ シ カ　キルディム

私（は）　60　　　歳-に　　　なりました。

10. Qanche yash-ta   mektep-ke   kiridu?　　　　　　　　　【mektep（学校）】
　　カンチェ　ヤシ-タ　メクテップ ケ　キリドゥ
　　何　　　　歳-で　　学校-に　　　入りますか？

11. Alte   yash-ta   mektep-ke   kiridu.　　　　　　　　　　【alte（6）】
　　アルテ　ヤシ タ　メクテップ ケ　キリドゥ
　　6　　　歳-で　　学校-に　　　入ります。

12. Siz   biz-din   besh yash   chong-mu?　　　　　【chong（大きい）】
　　スィズ　　　ビズ ディン　ベ シ　ヤシ　　チョン ム
　　あなた（は）私達-より　5　　歳　　　年上です-か？

13. Yaq,   men   siler-din   on yash   chong.
　　ヤック　メン　スィレルディン　オン　ヤ シ　　チョン
　　いいえ、私（は）君達-より　10　歳　　年上です。

14. Siz   bek   yash   körünidikensiz.　　　　　【körün-mek（見える、
　　スィズ　　　ベック　　ヤ シ　コェルュニディケンスィズ　　　　　現れる）】
　　あなた（は）ずいぶん　若く　見えます。

15. Awu yashanghan kishi yüz yash-tin ashti.　　　　【yashanghan（年配の）、
　　アウ　ヤシャンガン　キ シ　ユュズ　ヤ シ ティン　アシティ　　ash-maq（増える、超え
　　あの　年配の　　　人（は）100　歳-を　　超えています。　　る）】

＜単語　xamsöz ＞

yash	年、年齢、若い、若者	oxshash	同じ
kir-mek	入る、加わる、移る	körün-mek	見える、現れる
téxi	まだ	yashanghan	年配の
qiz	女の子、娘	ash-maq	増える、超える
ikkimiz	私達二人		

＜関連単語（munasiwetlik xamsöz）＞

kichik キチック	小さい（年下）	**yashlar** ヤシラル	青年達	**ottur yash** オットゥル ヤシ	中年
qéri ケィリ	老人、老い	**yash** ヤシ	青年	**moysipit adem** モイスィピット アデム	年配者
yash ösmür ヤシ オェスムュル	青少年	**yigit** イギット	青年男性		

●基本的な数字

0	nöl ノェル			100	yüz ユズ
1	bir ビル	10	on オン	1,000	ming （千）ミン
2	ikki イッキ	20	yigirme イギルメ	10,000	tümen （1万）トゥメン
3	üch ウチ	30	ottuz オットゥズ	1,000,000	yüz tümen （100万）ユズ トゥメン
4	töt トェット	40	qiriq キリック		bir milyon ビル ミルヨン
5	besh ベシ	50	ellik エッリク	1千万 （1千万）	on milyon オン ミルヨン
6	alte アルテ	60	atmish アットミシ	1億	yüz milyon ユズ ミルヨン
7	yette イェッテ	70	yetmish イットミシ	十億	bir milyard ビル ミルヤド
8	sekkiz セッキズ	80	seksen セクセン	百億	on milyard オン ミルヤド
9	toqquz トックズ	90	toqsan トックサン	千億	yüz milyard ユズ ミルヤド
				1兆	ming milyard ミンギ ミルヤド

※100万の表記は2種類あります。

10の位

〈**10から99までの数**〉……10の位「10、20、30、40、50、60、70、80、90」と「1から9」の数字
を組み合わせます。

〈**100の位より大きい部分**〉……数字 ＋ 位 で表します。

11 ……on bir
　　　 ＋ 一
　　　オン ビル

12 ……on ikki
　　　 ＋ 二
　　　オン イッキ

24 ……yigirme töt
　　　 二十 四
　　　イギルメ トェット

340 ……üch yüz qiriq
　　　　三 百 四十
　　　　ウチ ユズ キリック

25259 ……ikki tümen besh ming ikki yüz ellik toqquz
　　　　　　二 万 五 千 二 百 五十 九
　　　　　　イッキ トゥメン ベシ ミン イッキ ユズ エッリク トックズ

كىشىگە ھەر نېمە كەلسە، تىلدىن كېلىدۇ، كىم ياخشى،
كىم يامان، تىلدىن مەلۇم بولىدۇ.

Kishige her néme kelse, tildin kélidu, kim yaxshi, kim yaman, tildin melum bolidu.

人にいろんなものが訪れてきたら、言葉を通して来る、
誰が良いのか、誰が悪いのか、言葉から知ることになる。

ئەھمەد يۈكنەكى
Ehmed Yükneki (12~13-esir, 12~13世紀)

87

交際⑤ 住所を尋ねる

1. Siler-ning   öyünglar   nede?
スィレルニン　オェユンギラル　ネデ
君達-の　　　　家（は）　　　どこですか？

【öy（家）、nede（どこ）】

2. Nede   turisiz?
ネデ　　トゥリスィズ
どこ（に）　住んでいますか？

【tur-maq（住む、暮らす、存在する、立つ、止まる）】

3. Qeshqer-de   turimen.
ケシュケル　デ　トゥリメン
カシュガル-に　住んでいます。

【Qeshqer（カシュガル：地名）】

4. Mektipingiz   yiraq-mu?
メクティビンギイズ　イラク　ム
（あなたの）学校（は）　遠いです-か？

【mektep（学校）】

5. Qanchinchi   qewet-te   turisiler?
カンチンチ　ケウェッテ　トゥリスィレル
何　　　　　階-に　　　住んでいますか（君達）？

【qanchinchi（何番目）、qewet（階）】

6. Altinchi   qewet-te   turimiz.
アルティンチ　ケウェッテ　トゥリミズ
6　　　　　階-に　　　住んでいます（私達）。

【alte（6）、-(i)nchi（番目）】

7. Döng köwrük   baziri   qeyer-de?
ドェン コェウルュク　バズィリ　ケイェル　デ
二道橋　　　　　　バザール（は）　どこです-か？

【döng köwrük（二道橋：地名）、bazar（バザール、市場）、döng（坂、丘）、köwrük（橋）、qeyer（どこ）】

8. Bu   at harwisi   bilen
ブ　アットハルワィスィ　ビレン
この　馬車　　　　　　で

Teklimakan   qumlighi-gha   baray   dégen.
テクリマカン　クムリギ　ガ　バライ　ディゲン
タクラマカン　砂漠-に　　　行こう　と思います。

【at（馬）、at harwa（馬車）、Teklimakan（タクラマカン：地名）、qum（砂）、qumluq（砂漠、砂州）】

9. Chong bazar   etrap-ta   öy ijarisi   qanche pul?
チョン　バザル　エティラピ タ　オェイ イジャリスィ　カンチェ プル
大　　　バザール（の）付近-で　家賃（は）　　いくらですか？

【etrap（付近、近く）、ijare（借り賃）、pul（お金）】

10. Qaysi dölet-te yashaysiz?
カイスィ　ドェレッ　テ　　ヤシャイスィズ
どの　　国-で　　暮らしていますか (あなた)？

【qaysi（どの）、dölet（国）、yashi-maq（生きる、暮らす）】

11. Yapon-diki adrésingiz-ni dep béremsiz?
ヤポン ディキ　アドレスィンギィズ ニ　デップ　ベィレムスィズ
日本-での　　住所-を　　　　教えて　くれませんか？

【Yapon（日本）、adrés（住所）、di-mek（話す、言う）、ber-mek（あげる、与える、くれる）、dep ber-mek（教えてあげる、言ってあげる）】

12. Turushluq jayingiz-din doxturxani-gha yéqin-mu?
トゥルシュルック　ジャインギィズ ティン　ドフトゥルハニ　ガ　イェィキン　ム
滞在している　ところ-から　　病院-へ　　　　近いです-か？

【turushluq（滞在している、駐在している）、jay（場所、ところ）、doxturxana（病院）】

13. Bu yer-de bir yil turdum,
ブ イェル デ　ビル イル　トゥルドゥム
ここ-で　　1　年　暮らしました、

kéler ay-da köch-mekchi.
ケィレル アイ ダ　コェチ メック チ
来月-には　　引っ越し-するつもりです。

【kéler（次の）、köch-mek（引っ越す）、-mekchi（～するつもり）】

14. U etrap-ta dukanlar-mu köp,
ウ　エティラップ タ　ドゥカンラル ム　コェプ
その あたり-に　商店-も　　多く、

béket-mu yéqin, bek eplik iken.
ベィケット ム　イェィキン　ベック　エプリック ケン
駅-も　　　近くて　大変　便利な ようですね。

【etrap（付近、あたり）、dukan（店）、béket（駅）、yéqin（近い）、eplik（便利な）、-iken（判断詞で、日本語の「～だそうだ、～ようだ」に相当する）】

著名ウイグル人の名言集⑧

بىلىملىك كىشى دائىم بىلىم ئىزدەيدۇ، بىلىمنىڭ تەمىنى بىلىملىك بىلىدۇ.

Bilimlik kishi daim bilim izdeydu, bilimning temini bilimlik bilidu.

学んだ人はいつも知識を求め、学んだ人は知識の味を知っている。

ئەھمەد يۈكنەكى

Ehmed Yükneki (12~13-esir, 12~13世紀)

＜単語　xamsöz＞

nede	どこ	etrap	付近、近く
tur-maq	住む、暮らす、存在する、 立つ、止まる	ijare	借り賃
		pul	お金
Qeshqer	カシュガル（地名）	qaysi	どの
qanchinchi	何番目、何番、第何位	dölet	国
qewet	階、段	yashi-maq	生きる、暮らす
Döng köwrük	二道橋（地名）	Yapon	日本
bazar	バザール、市場	adrés	住所
döng	坂、丘	dep ber-mek	教えてあげる、言ってあげる
köwrük	橋	turushluq	滞在している、駐在している
qeyer	どこ	jay	場所、ところ
at	馬	doxturxana	病院
at harwa	馬車	köch-mek	引っ越す
Teklimakan	タクラマカン（地名）	etrap	付近、あたり
qum	砂	dukan	店
qumluq	砂漠、砂州	eplik	便利、便利な、使いやすい

＜関連単語（munasiwetlik xamsöz）＞

mehelle メヘッレ	地区、町	sheher シェヘル	市	idare イダレ	機関、会社
yéza イェィザ	村、郷	ölke オェルケ	県	yesli イェスリ	保育園、託児所
kocha コチャ	街	memliket メムリケット	全国	meschit メスチット	モスク
rayon ラヨン	区域、地区	shirket シルケット	会社	pochta nomuri ポチュタ ノムリ	郵便番号

著名ウイグル人の名言集⑨

كىشىدىن جاھاندا بىر ياخشى نام، بىر ياخشى نىشان قېلىشى لازىمدۇر.

Kishidin jahanda bir yaxshi nam, bir yaxshi nishan qélishi lazimdur.

人は世の中で一つの名誉、一つの良い目標が必要である。

نۆبىتى
Nöbiti (13-esir, 13-世紀)

身近な話題① 天気について話す

1. Bügün   hawa   qandaq?
　ブュギュン　ハワ　　カンダック
　今日(の)　 天気(は)　どうですか?

【bügün(今日)、hawa(天気)、qandaq(どんな状態か、どうか)】

2. Yamghur   yéghiwatidu,
　 ヤムグル　　イェィギワティドゥ
　 雨(が)　　　降っています、

künlük-ni   élip   kéling.
クュンルュクニ　エィリプ　ケィリン
傘-を　　　　　持って　きてください。

【yagh-maq(降る)、künlük(傘)】

3. Shamal   toxtidi.
　シャマル　　トフティディ
　風(が)　　　やみました。

【shamal(風)、toxti-maq(止まる、止む)】

4. Bügün   soghuq.
　ブュギュン　ソグック
　今日(は)　 寒いです。

【soghuq(寒い)】

5. Ete   hawa   ochuq   iken.
　エテ　　ハワ　　オチュク　イケン
　明日(は)　天気　　晴れ　　そうです。

【ete(明日)、ochuq(晴れ、明るい、開かれた)、iken(~そうです:推量を表す)】

6. Hawa   issiq.
　ハワ　　イッスィク
　天気(が)　暑い。

【issiq(暑い)】

7. Yamghur-luq   ay.
　ヤムグルルック　　アイ
　梅雨-の　　　　　月(です)。

【yamghurluq(雨の、yamghur(雨)+luq(~の)、ay(月)】

8. Teyféng   keldi.
　テイフェィン　ケルディ
　台風(が)　　 来た。

【teyféng(台風)、kel-mek(来る)】

9. Bügün   qar   yaghdi.
　ブュギュン　カル　ヤグディ
　今日　　　雪(が)　降りました。

【qar(雪)、yagh-maq(降る)】

10. Bu   bir yil   Turpan-da   yamghur   yaghmidi.
　　ブ　　ビルイル　トゥルパンダ　ヤムグル　　ヤグミディ
　　この　1年　　 トルファン-で　雨(が)　　 降りませんでした。

【Turpan(トルファン:地名)】

91

<単語　xamsöz>

bügün	今日	iken	〜そうです（推量を表す）
hawa	天気	issiq	暑い、温かい
yagh-maq	降る	yamghurluq	雨の
künlük	傘	yamghur	雨
shamal	風	ay	月
toxti-maq	止まる、止む	teyféng	台風
soghuq	寒い	qar	雪
ochuq	晴れ、明るい、開かれた	Turpan	トルファン（地名）

●天気に関する単語

雲	bulut ブルット	霜	qiraw クラウ
曇り	bulutluq ブルットルック	涼しい	salqin サルクン
暴風	boran ボラン	暖かい	illiq イッリク
竜巻	qoyun コユン	乾燥、乾いた	qurghaq クルガク
ひょう 雹	möldür モェルドゥル	蒸し暑い	dimiq issiq ディミク イッスィク
干ばつ	qurghaqchiliq クルガクチリック	災難	apet アペット
湿気	nem ネム	洪水	kelkün ケルクュン
霧	tuman トゥマン	晴れの天気	ochuq hawa オチュク ハワ
雪	qar カル	霧雨	sim sim yamghur スィム スィム ヤムグル
雷	güldürmama グュルドゥルママ	にわか雨	tuyuqsiz yaqqan yamghur トゥユクスィズ ヤッカン ヤムグル
稲妻	chaqmaq チャクマク	どしゃ降り	qara yamghur カラ ヤムグル

空	asman アスマン	土	topa トパ	三日月	hilal ay ヒラル アイ	星	yultuz ユルトゥズ
水	su ス	泥	lay ライ	満月	tolun ay トルン アイ	虹	hesen hösen ヘセン ホェセン
火	ot オット	空気	hawa ハワ	日蝕	kün tutulush クュント トゥトゥルシ		
石	tash タシ	大地	zémin ゼィミン	月蝕	ay tutulush アイ トゥトゥルシ	地球 yer shari イエル シャリ	
岩	tagh jinisi タグ ジニスィ	太陽	quyash クヤシ	夕焼け	kechki shepeq ケチキ シェペク		

　waqit sorash toghrisida

身近な話題② 日時を話す（1）

1. **Bügün　　kün-ge　　qanche?**
   ブュギュン　　クュン ゲ　　カンチェ
   今日（は）　何日　　ですか？
   【kün（日）】

2. **Bügün　birinchi　ay-ning　birinchi　küni.**
   ブュギュン　ビリンチ　アイニン　ビリンチ　クュニ
   今日（は）　1　　　月-の　　　1　　　　日です。
   【birinchi（一番目）】

3. **Siz　　　qaysi　yili　　tughulghan?**
   スィズ　　カイスィ　イリ　　トゥグルガン
   あなた（は）　何　　年（に）　生まれましたか？
   【tughul-maq（生まれる）、-ghan（過去を表す連体形、名詞形の接辞）】

4. **Men　1　9　7　0　-yili　tughulghan.**
   メ ン　ビルミンギトックズユズイェトミシンチイリ　トゥグルガン
   私（は）1970　　　　-年（に）　生まれました。

5. **Bügün　　hepti-ge　　qanche?**
   ブュギュン　ヘップティ ゲ　カンチェ
   今日（は）　（週-の）　　何曜日ですか？
   【hepte（週）】

6. **Bügün　　jüme.**
   ブュギュン　ジュメ
   今日（は）　金曜日です。
   【jüme（金曜日）】

7. **Siz　　ötken　shenbe　nege　bardingiz?**
   スィズ　オェットケン　シェンベ　ネゲ　バルディンギイズ
   あなた（は）　先週の　土曜日（には）　どこ（に）　いきましたか？
   【ötken（ki）（過去の、昔の）、shenbe（土曜日）、bar-maq（行く）】

8. **Qachan　Yapon-gha　barimiz?**
   カチャン　ヤポン ガ　バリミズ
   いつ　　日本-へ　　行きますか（私達）？
   【Yapon（日本）】

9. **Mushu　ay-ning　axiri　barimiz.**
   ムシュ　アイニン　アヒリ　バリミズ
   今　　　月-の　　末（に）　行きます（私達）。
   【mushu（この）、axir（末）、-i（指定詞）】

10. **Kéler ay-da　balam　　qaytip　kélidu.**
    ケィレル アイ ダ　バラム　　カイティプ　ケィリドゥ
    来　月-に　子供（が）　帰って　きます。
    【kéler（次の）、bala（子供）、qayt-maq（帰る）】

11. Kéler yil-ning béshi-da sayahet-ke barimiz.
ケィレル イル ニン ベィシダ サヤヘット ケ バリミズ

来　　年-の　　初め-に　　旅行-に　　　行きます (私達)。

【béshi(あたま、初め)、
sayahet(旅行)】

12. Tünügün néme kün idi?
トュヌュグュン ネィメ クュン イディ

昨日 (は)　　何の日　　でしたか?

【tünügün (昨日)、néme-
kün (何の日)、idi (でした)】

13. Ete siz-ning tughulghan küningiz.
エテ スィズ ニン トゥグル ガン クュニンギイズ

明日 (は)　　あなた-の　　誕生日です。

【tughulghan kün (誕生日)】

< 単語　xamsöz >

kün	日	axir	末
birinchi	一番目	bala	子供
tughul-maq	生まれる	béshi	あたま、初め
hepte	週	sayahet	旅行
jüme	金曜日	tünügün	昨日
ötken（ki）	過去の、昔の	néme-kün	何の日
mushu	この	idi	でした

خەلق كۆڭلىدىن ئورۇن تۇتماقلىق مەن ئۈچۈن ھەممىدىن ئەلا.

Xelq könglidin orun tutmaqliq men üchün hemmidin ela.

民心をつかむことは、私にとって何よりも大切だ。

مەھزۇم

Mehzum (13-esir, 13-世紀)

●曜日　hepte（ヘプテ）

月曜日	**düshenbe**	ドュシェンベ
火曜日	**seyshenbe**	セイシェンベ
水曜日	**charshenbe**	チャルシェンベ
木曜日	**peyshenbe**	ペイシェンベ
金曜日	**jüme**	ジュメ
土曜日	**shenbe**	シェンベ
日曜日	**yekshenbe**	イェクシェンベ

●月　ay（アイ）

1月	**birinchi ay**	ビリンチ アイ
2月	**ikkinchi ay**	イッキンチ アイ
3月	**üchünchi ay**	ウュチュンチ アイ
4月	**tötinchi ay**	トェティンチ アイ
5月	**beshinchi ay**	ベシンチ アイ
6月	**altinchi ay**	アルティンチ アイ
7月	**yettinchi ay**	イェッティンチ アイ
8月	**sekkizinchi ay**	セッキズィンチ アイ
9月	**toqquzinchi ay**	トックズィンチ アイ
10月	**oninchi ay**	オニンチ アイ
11月	**on birinchi ay**	オン ビリンチ アイ
12月	**on ikkinchi ay**	オン イッキンチ アイ

●その他の時間表現　chisla-waqit（チスラ ワキット）

年末	**yil axiri**	イル アヒリ
何月	**qanchinchi ay**	カンチンチ アイ
上旬	**ay béshi**	アイ ベィシ
中旬	**ay otturisi**	アイ オットゥリスィ
下旬	**ay axiri**	アイ アヒリ
一日	**birinchi chisla**	ビリンチ チスラ
二日	**ikkinchi chisla**	イッキンチ チスラ
三日	**üchünchi chisla**	ウュチュンチ チスラ
四日	**tötinchi chisla**	トェティンチ チスラ

一昨日	**ülüshkün**	オェルュシクュン
昨日	**tünügün**	トュヌュグュン
今日	**bügün**	ブュギュン
明日	**ete**	エテ
明後日	**ögün**	オェグュン

五年前	**besh yil ilgiri**	ベシ イル イルギリ
現在	**hazirqi zaman**	ハズィルキ ザマン
去年	**ötken yil**	オェトケン イリ
来年	**kéler yili**	ケィレル イリ
七年後	**yette yildin kéyin**	イェッテ イルディン ケイイン

何年間	**qanche yil**	カンチェ イル
何か月	**qanche ay**	カンチェ アイ
何週間	**qanche hepte**	カンチェ ヘップテ
何日間	**qanche kün**	カンチェ クュン
一か月	**bir ay**	ビル アイ
二か月	**ikki ay**	イッキ アイ
一日間	**bir kün**	ビル クュン
二日間	**ikki kün**	イッキ クュン
一週間	**bir hepte**	ビル ヘップテ
二週間	**ikki hepte**	イッキ ヘップテ
毎月	**her ay**	ヘル アイ
毎日	**her kün**	ヘル クュン

以前	**burun**	ブルン
過去	**ötken zaman**	オェトケン
未来	**kelgüsi zaman**	ケルグュスィ ザマン

waqit sorash toghrisida

身近な話題③ 日時を話す（2）

---

1. Sa'et　　qanche?
サエット　　カンチェ

時間（は）　いつですか?（何時ですか?）

【sa'et（時間、時計）】

2. Etigen　sa'et　sekkiz.
エティゲン　サエット　セッキズ

朝　　　　8時です。

【etigen（朝）、sekkiz（8）】

3. Kech　sa'et toqquz-da　qaytimen.
ケチ　サエット　トックズ ダ　カイティメン

夜　　9時-に　　　　　帰ります。

【kech（夕方、夜）、toqquz（9）】

4. Mektep　qachan　bashlinidu?
メクテップ　カチャン　バシリニドゥ

学校（は）　いつ　　始まりますか?

【bashlan-maq（始まる、lanがlinに変化）、qachan（いつ）】

5. Kéyinki　ay-da　　bashlinidu.
ケィインキ　アイ ダ　バシリニドゥ

来　　　　月-に　　始まります。

【kéyin（後）、ki（〜の）】

6-1. U　　　besh　minut　kéchikti.
ウ　　　　ベシ　ミヌット　ケィチキティ

彼（は）　5　　分　　　遅れました。

【minut（分）、kéchik-mek（遅れる）】

6-2. 10 minut　téz　baridighan ish-ni　qilimen.
オン ミヌット　ティズ　バリディガン イシ ニ　キリメン

10 分　　　早く　行く　　　こと-に　します。

【téz（早い）、ish（こと）】

6-3. Waqit-qa　boysunung.
ワキット カ　ボイスヌン

時間-を　　厳守してください。

Kéchikip qalsingiz　qoyup　kétimiz.
ケィチキプ カルスィンギイズ　コユプ　キティミズ

遅れたら　　　　　置いて　いきます。

【waqit（時間）、boysun-maq（従う）、qal-maq（残る、余る、補助動詞として使われる場合は、〜してしまう）、-si-ngizの-si-は条件接辞のsa、qoy-maq（置く、残す）】

7. Ürümchi-de　uzun　turamsiz?
ウュルュムチ デ　ウズン　トゥラムスィズ

ウルムチ-に　　長く　滞在しますか?

【Ürümchi（ウルムチ:地名、ウイグルの首府）】

8. Bir ay turimen.
   ビル　アイ　トゥリメン

   1か月　滞在します。

9. U yer-de bir yil turdum.
   ウ　イェルデ　ビル　イル　トゥルドゥム

   あの 場所-に　1　年　いました。　【u（あの）、yer（場所）】

< 単語　xamsöz >

sa'et qanche?	何時ですか？ 慣用表現	boysun-maq	従う
etigen	朝	qal-maq	残る、余る
bashlan-maq	始まる	u	あの
minut	分	yer	場所
téz	早い、速い、速く	Ürümchi	ウルムチ（地名）

< 関連単語（munasiwetlik xamsöz）>

bahar (ete yaz)	春	ish küni	平日	tang	夜明け
バハル（エテ ヤズ）		イシ クニ		タン	
yaz	夏	hazir	今、現在	chüshtin burun	午前
ヤズ		ハズィル		チュシティン ブルン	
küz	秋	ötken	過ぎた	chüshtin kéyin	午後
クズ		オェトケン		チュシティン ケイン	
qish	冬	seher	早朝、明け方	del chüsh	正午
キシ		セヘル		デル チュシ	
bayram küni	祝日	yérim kéche	深夜		
バイラム クニ		イェイリム ケイチェ			
dem élish küni	休日	kech qurun	夕方		
デム エィリシ クニ		ケチ クルン			

著名ウイグル人の名言集⑪

مېھىر-ۋاپاسى يوق كىشى ئەگەر قۇياش بولغان تەقدىردىمۇ،
ئۇنىڭدىن نېمە پايدا؟

Méhir-wapasi yoq kishi eger quyash bolghan teqdirdimu,
uningdin néme payda?

慈愛や信義のない人がもし太陽になったとしても、
それが何の役に立つというのか?

لۇتفى
Lutfi (1366-1465)

97

身近な話題④　趣味について

1. **Némi-ge　qiziqisiz?**
ネィミ　ゲ　キズィキスィズ
何-に　興味を持っていますか(あなた)?

【qiziq-maq(興味を持つ、興味がある、関心がある)】

2. **Putbol (tépish)-qa　qiziqimen.**
プットボル ティピシーカ　キズィキメン
サッカー(をやること)-に　興味を持っています(私)。

【putbol(サッカー)、tep-mek(蹴る)、-ish(名詞を作る接辞、「蹴ること」)、-qa(動作の目的を表す向格)】

3. **U　hich némi-ge　qiziqmaydu.**
ウ　ヒッチ ネィミ ゲ　キズィクマイドゥ
彼(は)　何事-にも　関心がありません。

【hich néme(何事、何も)】

4. **Su üzüsh-ni　yaxshi körimen.**
ス ウズュシ ニ　ヤフシ コェリメン
水泳-が　好きです(私)。

【su(水)、üz-mek(泳ぐ)、kör-mek(見る)、yaxshi kör-mekで「好む」】

5. **Qish-ta　qar téyilish-qa　barimen.**
キ シ タ　カル ティイリシ カ　バリメン
冬-に　雪 滑り(スキー)-に　行きます(私)。

【qish(冬)、qar(雪)、téyil-maq(滑る、つまずく)】

6. **Kitab　oqush-qa　qiziqimen.**
キタップ　オクシュ カ　キズィキメン
本(を)　読むこと-に　興味を持っています(私)。

【kitab(本)、oqu-maq(読む:-sh(名詞化語尾)】

7. **Ussul oynash-qa　qiziqimen.**
ウッスル オイナシ カ　キズィキメン
舞踊-に　興味を持っています(私)。

【ussul(舞踊)、oyni-maq(踊る、遊ぶ)】

8. **Yene　néme　talantingiz　bar ?**
イェネ　ネィメ　タランティンギイズ　バル
他に　どんな　才能(が)　ありますか?

【yene(他に、又)、talant(才能)】

9. **Dutar　chalalaymen.**
ドゥタール　チャラライメン
ドゥタール(が)　弾けます(私)。

【dutar(ドゥタール:楽器の名)、chal-maq(演奏する)、-alay(可能)】

10. **Tenterbiye-ge　hewisim　bar.**
テンテルビイェ ゲ　ヘウィスィム　バル
スポーツ-に　興味(が)　あります。

【tenterbiye(スポーツ)、hewes(興味、関心、愛好)】

11. **Naxsha　éytish-qa　qiziqamsiz?**
ナフシャ　エィティシ カ　キズィカムスィズ
歌(を)　歌うこと-に　興味がありますか?

【naxsha(歌)、éyt-maq(歌う)】

12. **Kort　oynash　oyun-ning　bir türi.**
コルト　オイナシ　オユン ニン　ビル トゥリ
トランプ 遊び(は)　娯楽-の　一種。

【kort(トランプ)、oyni-maq(遊ぶ)、oyun(娯楽)、tür(種類)】

＜単語　xamsöz ＞

qiziq-maq	興味・関心を持つ	qish	冬	chal-maq	演奏する
putbol	サッカー	téyil-maq	滑る、つまずく	tenterbiye	スポーツ
tep-mek	蹴る	kitab	本	hewes	興味、関心、愛好
hich néme	何事、何も	oqu-maq	読む	naxsha	歌
su	水	ussul	舞踊	éyt-maq	歌う
üz-mek	泳ぐ	oyni-maq	踊る、遊ぶ	kort	トランプ
kör-mek	見る	talant	才能	oyun	娯楽
yaxshi kör-mek	好む	dutar	ドゥタール（楽器の名）	tür	種類

＜関連単語（munasiwetlik xamsöz）＞

walibol ワリボル	バレーボール	heykeltarashliq ヘイケルタラシリッキ	彫刻	dap ダップ	手鼓
waskétbol ワスキットボル	バスケットボール	shéir yézish シェイル イェズィシ	詩を書くこと	dombaq ドゥムバク	太鼓
tik-tak top ティク - タク トプ	卓球	hejwi resim ヘジウィ レスィム	漫画	iskiripka イスキリプカ	バイオリン
peytop ペイトプ	バドミントン	milliyche ussul ミッリチェ ウッスル	民族舞踊	naxsha ナフシャ	歌
qoltop コルトプ	野球	yaponche ussul ヤポンチェ ウッスル	日本舞踊	xelq naxshisi ヘルク ナフシスィ	民謡
yügürüsh ユグュルュシ	走ること	uyghurche ussul ウイグルチェ ウッスル	ウイグルの 舞踊、踊り	klassik キラッスィク	クラシック
gimnastika ギムナスティカ	体操	dirama ディラマ	ドラマ、演劇	balilar qoshaqliri バリラル コシャクリリ	童謡
kino körüsh キノ コェルュシ	映画鑑賞	sehne セフネ	舞台	sen'etkar センエットカル	芸術家
resim sizish レスィム スィズィシ	絵を描くこと	komédiye コミディイェ	喜劇	muzikant ムズィカント	音楽家
gül tikish グュル ティキシ	花を植えること	tiragédiye ティラゲディイェ	悲劇	ressam レッサム	画家
mashina heydesh マシナ ヘイデシ	ドライブすること	sénariye yaz-maq セィナリイェ ヤズ - マック	脚本を書くこと	sha'ir シャイル	詩人
fotograf フォトグラフ	写真撮影	chalghu チャルグ	楽器	artis アルティス	芸術家、 俳優／女優
muzika ムズィカ	音楽	gitar ギタル	ギター	naxshichi ナフシチ	歌手
resim レスィム	絵画、写真	pianino ピアノル	ピアノ	kompozitor コムポズィトル	作曲家
sen'et センエット	芸術	ney ネイ	笛		
kompozitsiye コムポズィットスィイェ	作曲	kanay カナイ	ラッパ		

99

wede, pilan, teklip toghrisida

身近な話題⑤ 約束・提案・勧誘する

1. Konsért-qa   bille   barayli.
コンセィルト カ ビッレ   バライリ
コンサート-へ　一緒に　行きましょう。

【konsért（コンサート）、bille（一緒に）、bar-maq（行く）、(a)yli（〜しよう）】

2. Mé-ning   barghum   yoq.
ミィニン バルグム ヨック
私-は　　行きたく　ない。

【-gh（動詞を名詞化する接辞：「-ghu-m yoq」で「〜したくない」）】

3. Emse,   kino   köremduq?
エムセ キノ コェレムドゥック
それなら　映画（を）　観ましょうか（私達）？

【kino（映画）、kör-mek（見る）】

4. Bolidu,   kino   köreyli.
ボリドゥ キノ コェレイリ
いいですよ、　映画（を）　観ましょう。

【bolidu（良い）】

5. Uyghur xelq   naxshiliri-ni   anglighim bar.
ウイグル ヘリック ナフシリリ ニ アンリギム バル
ウイグル（の）　民謡-が　　聴きたいです。

【xelq（民）、naxsha（歌）、angli-maq（聴く）、~ghu- + bar（〜したい）、tiyatirxana（劇場）】

Tiyatirxani-gha   barayli.
ティヤティルハニ ガ バライリ
劇場-に　　　　行きましょう。

6. Bolidu,   pikirim   yoq.
ボリドゥ ピキリム ヨック
いいですよ、　意見（は）　ありません。

【pikir（意見）、yoq（ない）】

7. Ete   dala pa'aliyet-ke   barimiz.
エテ ダラ パアリイェット ケ バリミズ
明日　ピクニック-に　　　行きます（私達）。

【dala（野外、野原）、pa'aliyet（活動）、dala pa'aliyet（ピクニック）】

8. Shundaq qilayli,   choqum   barimiz.
シュンダック キライリ チョクム バリミズ
そうしましょう、　　必ず　　行きます（私達）。

【choqum（必ず）】

9. Siz-mu   baramsiz?
スィズ ム バラムスィズ
あなた-も　行きますか？

10. Yaz-da   chet'el-ge   baramduq?
ヤズ ダ   チェットエル ゲ   バラムドゥック

夏-に   海外-へ   行きましょうか (私達)？

【chet'el（海外、外国)】

11. Yaz-da   bille   uyghur tili-ni   öginemduq?
ヤズ ダ   ビッレ   ウイグル ティリニ   オェギネムドゥック

夏-に   一緒に   ウイグル語-を   勉強しましょうか？

【ögen-mek（学ぶ、勉強する)】

12. Ete,   da'im   baridighan   qehwexani-da   saqlaymen.
エテ   ダイム   バリティガン   ケフウェハニ ダ   サクライメン

明日、   いつも   (行く)の   珈琲店-で   待ちます。

【da'im（いつも、常に)、qehwexana（珈琲店)、qehwe（コーヒー)、saqli-maq（待つ)】

13. U yer   emes,   poyiz béket-ning   kirish-chiqish éghizi-da saqlaymen.
ウイ エル   エメス   ポイズ ベィケット ニン   キリシ チキシ エィギズィ ダ サクライメン

そこ   ではなく、電車 (の) 駅-の   改札口-で   待ちます。

【kirish-chiqish éghizi（出入口、改札口)】

＜単語　xamsöz ＞

konsért	コンサート	dala pa'aliyet	ピクニック
bille	一緒に	choqum	必ず
kino	映画	chet'el	海外、外国
bolidu	良い	ögen-mek	学ぶ、勉強する、習う
xelq	民	↳ügen-mek と綴ることもあります	
angli-maq	聴く、聞く、聞こえる	da'im	いつも、常に
tiyatirxana	劇場	qehwexana	珈琲店
pikir	意見	qehwe	コーヒー
dala	野外、野原	saqli-maq	待つ
pa'aliyet	活動	kirish-chiqish éghizi	出入口、改札口

著名ウイグル人の名言集⑫

ئادىللىق، ئىنساننىڭ ياخشى سۈپىتىدۇر.

Adilliq, insanning yaxshi süpitidur.

公平は、人間の優れた特質である。

ئەلشىر ناۋايى
Elishir Nawayi (1441-1501)

so'al sorash we pikir bérish toghrisida

身近な話題⑥ 質問する・意見を言う

1. **Bu ish-qa qandaq qaraysiz?**
   ブ　イシカ　カンダック　カライスィズ
   この　こと-を　どう　　思いますか？

   【ish（こと）、qari-maq（見る、思う）】

2. **Men yene bir qétim oylunup körey.**
   メン　イェネ　ビル ケィティム　オイルヌップ　コェレイ
   私（は）もう　１　回　考えて　みよう。

   【qétim（回）、oylan-maq（考える）】

3. **Men qarshi, qoshulalmaymen.**
   メン　カルシ　　コシュラルマイメン
   私（は）反対です、賛成できません。

   【qarshi（反対）、qoshul-maq（賛成する、加入する）、-almay-（否定可能）】

4. **Men qoshulimen,**
   メン　　コシュリメン
   私（は）賛成します、

   【pikir（意見）、toghra（正しい、正確）】

   bu pikir-ni toghra dep oylidim.
   ブ　ピケィル ニ　ト グ ラ　デップ　オイリディム
   この　意見-を　正しい　と　思いました。

5. **Bolidu, siz yaxshi bir terep qilalaysiz.**
   ボリドゥ　　スィズ　　ヤフシ　ビル テレップ　キラライスィズ
   分かりました、あなた（は）うまく　解決　できます。

   【terep（方向、派閥）、bir terep（一方面）、bir terep qil-maq（解決する）、-al（-alay-可能）】

6. **Siz oyli-ghiningiz-dek qiling.**
   スィズ　オイリ ギニンギイズ テク　キリン
   あなた（の）思う-ように　してください。

   【oyli-maq（思う、考える）、-ghan（～すること）、-dek（～ような）】

7. **U-ni manga qildurung.**
   ウ ニ　マン ア　キルドゥルン
   それ-は　私に　やらせてください。

   【qil-maq（やる）、qildur-maq（やらせる：受身形）】

8. **Sinip mes'uli qandaq-raq adem?**
   スィニブ メスウリ　カンダック ラク　アデム
   担任の先生（は）どんな　人ですか？

   【sinip（教室）、mes'ul（担任、責任者）、-raq（形容詞に接続して「少し～」と表現する語尾、ここでは表現を柔らげる。意味はqandaq（どのような）と同じ）】

9. **Bek méhriban, hemmimiz yaxshi körimiz.**
   ベック メィフリバン ヘム ミ ミズ ヤフシ コェリミズ
   とても やさしいです、 皆（私達） 好きです。

   【méhriban（やさしい、慈愛深い、優しい人）、méhir（慈愛、愛情）、hemme（すべて）】

10. **Aldirmay bir birlep hel qilsingiz bolidu.**
    アルディルマイ ビル ビルレップ ヘル キルスィンギイズ ボリドゥ
    慌てないで 1個ずつ 解く（と） いいです。

    【aldir-maq（焦る、慌てる）、bir birlep（1個ずつ）、hel qil-maq（片づける、解決する）】

11. **Eger uqmaydighan söz bolsa, sorap béqing.**
    エゲル ウクマイディガン ソェズ ボルサ ソラプ ベィキン
    もしも 知らない 言葉（が） あれば、 質問して みてください。

    【eger（もし）、uq-maq（わかる、理解する）、söz（言葉）、sori-maq（聞く、質問する）、baq-maq（見る、見守る、育てる、飼う、味見する、補助動詞として使用される場合は、～してみる）】

كۆڭۈلدىكى تىل جاراھتى ساقايمايدۇ، ئۇنىڭغا ھېچنېمە تەڭ كېلەلمەيدۇ.

Köngüldiki til jarahiti saqaymaydu, uninggha héchnéme teng kélelmeydu.

言葉によってできた心の傷は癒やせない、それにどんな物もかなわない。
（傷ついた心は、どんな物でも治せない）

ساقلىقنى خالىساڭ كۆپ يېمە، ئىززەت خالىساڭ كۆپ دېمە.

Saqliqni xalisang köp yéme, izzet xalisang köp déme.

健康を望むならたくさん食うな、敬意を望むなら多くしゃべるな。

ھېكمەت بىلەن ئەقىل كىشىگە زىبۇ-زىننەتتۇر.

Hékmet bilen eqil kishige zibu-zinnettur.

才知と知恵は人の宝である。

ئەلشىر ناۋايى
Elishir Nawayi (1441-1501)

103

＜単語　xamsöz＞

qari-maq	見る、思う	sinip	教室
oylan-maq	考える	mes'ul	担任、責任者
qarshi	反対、逆の、向かい	aldir-maq	焦る、慌てる
qoshul-maq	賛成する、加入する	bir birlep	1個ずつ
pikir	意見	hel qil-maq	片づける、解決する
terep	方向、派閥	eger	もし
bir terep	一方面	uq-maq	わかる、理解する
bir terep qil-maq	解決する	söz	言葉
oyli-maq	思う、考える	baq-maq	見る、見守る、育てる、飼う、味見する
qildur-maq	やらせる（受身形）		／（補助動詞の場合：〜してみる）

＜関連単語 （munasiwetlik xamsöz） ＞

temkin テムキン	冷静な	békitish ベイキティシ	決まり	kespiy ケスピイ	専門的な
aldirangghu アルディランギグ	慌て者	pilan ビラン	案、計画	köyümchan コユユムチャン	親切な
salmaq サルマク	落ち着く	orunlashturush オルンラシトゥルシュ		toghra トグラ	正しい
semimiy セミミイ	誠実な	割り当てること、分配すること、住まわせること、落ち着かせること		xata ハタ	間違い
qopal コパル	乱暴な	tepsiliy テップスィリ	詳細な	resmiy レスミイ	正式な
estayidil エスタイディル	まじめな	emeliy エメリイ	現実的な	yüreklik ユレクリック	大胆な
chüshünüksiz チュシュヌクスィズ	理解不能	obéktip オベィクティップ	客観的な	ötkür オェットクュル	鋭い
semimiyetsiz セミミイェットスィズ	不実な、誠意のない	asasi アサスィ	基本的な	tar タル	狭い
satqun サットクン	裏切りもの	ritimliq レイティムリク	規則的な	ittik イッティク	はやい、鋭い
yalghanchi ヤルガンチ	嘘つきもの	ishenchilik イシェンチリック	信頼できる	aghzi ittik アグズィ イッティク	口が軽い
wede ウェデ	誓い	aktip アクティップ	積極的な	pakiz パキズ	清潔な
toxtam トフタム	契約	orunluq オルンリック	正当な	éhtiyatchan エィヘティヤットチャン	慎重な

مۇقام جاھاندا تاڭنىڭ ساباسى ،
جانانغا جانكى قالۇن ساداسى ،
ھېچ تەڭ كېلەلمەس بۇلبۇل ناۋاسى ،
ئالەمدە يوقكى بۇنىڭ باھاسى.

Muqam jahanda tangning sabasi,
Janangha janki qalun sadasi,
Héch teng kélelmes bulbul nawasi,
Alemde yoqki buning bahasi.

ムカームの世界は暁の美しさ、
愛する人への魂のカロンの音色、
比べるもののないナイチンゲールの声、
世界に比類なきその価値。

ムカーム……ウイグルの古典音楽・旋律、　カロン……琴（ウイグル楽器）

خانىش ئاماننىساخان
Xanish Amannisaxan (1526-1560)

　ウイグルの古典音楽「12
ムカーム」をまとめた若い
音楽家アマンニサハンは、
16世紀のヤルカンド・ハン
王国第2代国王スルタン　ア
ブドゥッラシード・ハン1世
（Sultan Abdurashid
Xan）の妻です。カシュガル
の貧苦な村で生まれ、幼い
頃より父親から音楽を学
び、数々のウイグル楽器を
弾きこなし、その歌声も大
変優雅であったといわれて
います。書家、詩人としても
有名で、ウイグル農民の姿
と生活ぶりを反映した多く
の詩を残しています。偶然
彼女に出会ったスルタン
は、その素晴らしい音楽才
能と心に響く詩に一目惚れ
し、13歳という若さで、王妃
として宮殿に迎え入れられ
ました。妃となった後も贅
沢な宮殿生活に溺れること
なく、ウイグルの各地域に
散在していた伝統音楽の整
理・体系化に力を注ぎ、ウイ
グル古典音楽である「12ム
カーム」の集大成を作り上
げました。1560年に難産の
ため、34歳という若さで亡
くなっています。

実生活① 携帯電話・郵便について

1. Alim-ning   qol téléfoni   bar-mu?
アリム ニン   コル テレフォニ   バルム
アリム-の   携帯（は）   あります-か?
（アリムさんは携帯を持っていますか?）

【qol téléfon（携帯：qol（腕）
+téléfon（時計））】

2. Qol téléfonum-ning   bataréyesi   yoq.
コル テレフォヌム ニン   バタレィイェスィ   ヨック
私の携帯-の   電池（が）   ありません。

【bataréye（電池）】

3. Siz-ning   qol téléfon   nomuringiz   özgerdi-mu?
スィズ ニン   コル テレフォン   ノムリンギイズ   オェズゲルディム
あなた-の   携帯電話   番号（が）   変わりました-か?

【nomur（番号）、
özger-mek（変わる）】

4. Eli-ning   téléfon nomuri-ni   dep   béremsiz?
エリ ニン   テレフォン ノ ム リ ニ   デップ   ベィレムスィズ
エリさん-の   電話   番号-を   言って   くれますか?
（教えて）

5. Soraydighan   jiddi   ishim   bar idi.
ソライディガン   ジッディ   イシム   バル イディ
聞きたい   急ぎの   用事（が）   あります。

【sori-maq（聞く）、-dighan
（現在を表す接辞で名詞形と
もなる）、jiddi（急ぎの）、ish
（事）、idi（確認を表す表現）】

6. Nechche qétim   ursam-mu   ulanmidi.
ネッ チェ ケィティム   ウルサム ム   ウランミディ
何   回   掛けて-も   つながりませんでした。

【nechche（いくら）、
qétim（回、度）、
ur-maq（かける）、
ur-sa-m-mu（掛けても）、
ulan-maq（つながる）】

7. Bu   téléfon   ulanmaydu.
ブ   ティレィフォン   ウランマイドゥ
この   電話（は）   つながりません。

Ulan-may-watidu   （掛け続けても）つながりません。
ウラン マイ ワティドゥ

Ulan-may-du   （一般現在形）つながりません。
ウラン マイ ドゥ

Ulan-mi-di   （過去形）つながりませんでした。
ウラン ミ ディ

8. Belkim   signal   yaxshi   emes.
ベルキム   スィギナル   ヤフシ   エメス
多分   電波（が）   よく   ない。

【belkim（多分）、
signal（信号、電波）、
emes（ない、否定）】

106

9. Bu néme qilidighan kunupka?
ブ　ネィメ　キリディガン　クヌップカ
これ（は）何（を）する　　　　ボタンですか？

【kunupka（ボタン）】

10. Bu xet basidighan kunupka.
ブ　ヘット　バスィディガン　クヌップカ
これ（は）文字（を）打つ　　　ボタンです。

【xet（文字、手紙）、bas-maq（打つ、押す、印刷する）】

11. Bu yer tok ulaydighan yer.
ブ イェル　トク　ウライディガン　イェル
ここ（は）電源（を）つなぐ　　　　場所です。

【yer（場所）、tok（電気）、uli-maq（ula-つなげる）】

12. Xelqara-liq xalta salay dégen.
ヘル カ ラリック　ハルタ　サライ　ディゲン
国際　　　　　小包（を）郵送したいのですが。

【xelqara（国際）、-liq（接尾辞、～の、～的）、xalta（小包、荷物）、sal-maq（送る）】

13. Téz tégidighan pochti-mu?
ティズ ティギディガン　ボチティ　ム
速　達　　　　　便です-か？

adettiki pochti-mu?
アデッティキ　ボチティ ム
普通　　便です-か？

【téz（速い）、teg-mek（届く、配達する）、adet（習慣）、adettiki（普通の）、pochta（郵便）】

14. Téz tégidighan pochti-da.
ティズ ティギディガン　ボチティ ダ
速　達　　　　　便-で。

15. Bolidu, bir hepti-de tégidu.
ボリドゥ　　ビル　ヘップティ デ　ティギドゥ
分りました、　１　週間-で　届きます。

【hepti-：hepte（週）が狭母音化したもの）】

16. Pochta nomur bilen adrés-ni éniq yézing.
ポチタ　ノムル　ビレン　アドレイス ニ　エィニック　イェィズィン
郵便　番号　　と　　住所-を　はっきりと 書いてください。

【adrés（住所）、éniq（はっきり、明確に）、yaz-maq（書く：狭母音化）】

17. Atkritka-ning pochta heqqi qanche?
アトキリットカ ニ ン　ボチタ　ヘッキ　カンチェ
ハガキ-の　　　　郵送　料（は）幾らですか？

【atkritka（ハガキ）、heqqi（報酬、料金、労賃）、heq（料金、権利、借り、正しい）】

18. Atkritka-gha atmish üch yen-lik marki-ni chaplang.
アトキリットカ ガ　アットミシ ウッチ　イェンリッキ　マルキ ニ　チャブラン
ハガキ-に　　　６　　３　円-の　　切手-を　　貼ってください。

【marka（切手）、chapli-maq（貼る）】

107

<単語　xamsöz >

qol téléfon	携帯	xet	文字、手紙	pochta	郵便
bataréye	電池	bas-maq	打つ、押す、印刷する	éniq	はっきり、明確に
nomur	番号	tok	電気	yaz-maq	書く
özger-mek	変わる	uli-maq	つなげる	atkritka	ハガキ
jiddi	急ぎの	xelqara	国際	karta	絵カード、絵はがき
nechche	いくらの	xalta	小包、荷物	heqqi	報酬、料金、労賃
ur-maq	かける	sal-maq	送る	heq	料金、費用、権利、
ulan-maq	つながる	téz	速い		借り、正しい
belkim	多分	teg-mek	届く、配達する	marka	切手
signal	信号、電波	adet	習慣	chapli-maq	貼る
kunupka	ボタン	adettiki	普通の		

< 関連単語 （munasiwetlik xamsöz） >

paraxot パラホット	船、汽船	yéngi yilliq atkritka イェェンギ イッリック アトクリットカ	年賀状
dölet デェウレット	国	xet-alaqe ヘット - アラケ	通信
dölet ichi デェウレット イチ	国内	xatire marka ハティレ マルカ	記念切手
kilogiram キロギラム	キログラム	téléfon idarisi ティレィフォン イダリスィ	電話局
kilo キロ	キロ	téléfon nomur deptiri ティレィフォン ノムル デップティリ	電話帳
giram ギラム	グラム	qayta téléfon qil-maq カイタ ティレィフォン クル - マック	かけ直す
lipap / konwért リパップ / コンウェィルト	封筒	xelqaraliq téléfon ヘルカラリック ティレィフォン	国際電話
pochta sanduq ポチタ サンドゥック	郵便箱	sheher ichi téléfoni シェヘル イチ ティレィフォニ	市内の電話
salam xet サラム ヘット	手紙	sheher sirti téléfoni シェヘル スィルティ ティレィフォニ	市外の電話
xet yaz-maq ヘット ヤズ - マック	手紙を書く	ammiwi téléfon アムミゥィ ティレィフォン	公衆電話
xet sal-maq ヘット サル - マック	手紙を出す	téléfon-gha söz qaldurush ティレィフォン - ガ ソェズ カルドゥルシュ	留守番電話
pochtaxana ポチタハナ	郵便局	foto télégraf フォト ティレィギラフ	ファックス
pochta nomur パチタ ノムル	郵便番号	télégramma ティレイグラッマ	電報
pochtikesh ポチティケシ	郵便配達員	tebrik télégrammisi テブリック ティレイグラッミスィ	祝電
resimlik atkritka レスィムリッキ アトクリットカ	絵はがき	teziye télégrammisi テズィイエ ティレイグラッミスィ	弔電

単位の表現、数え方 (Ölchem birlikliri)

●特殊な単位の言い方

bash	個	bir <u>bash</u> chamghur	1個のかぶ
bolaq	袋、包	bir <u>bolaq</u> qehwe purchiqi	1袋のコーヒー豆
dane	粒、個	bir <u>dane</u> shaptul	1個の桃
jüp	対、揃いの	bir <u>jüp</u> ötük	1足のブーツ
éghiz	部屋、間	ikki <u>égiz</u> öy	2部屋の家
waraq	ページ、枚	bir <u>waraq</u> qeghez	1枚の紙
qur	行、列、回、度	bir <u>qur</u> xet bir <u>qur</u> kitab	1列の文字 1列の本
top	群、束	bir <u>top</u> balilar bir <u>top</u> gül	1群の子供達 1束の花
yürüsh	セット	bir <u>yürüsh</u> kiyim	1セットの衣服
tal	本、個	bir <u>tal</u> galistuk	1本のネクタイ
xalta	袋	bir <u>xalta</u> un	1袋の小麦粉
changgal	握り	bir <u>changgal</u> qum	1握りの砂
tuyaq	頭、頭数	bir <u>tuyaq</u> kala	1頭の牛

●世界で使われているイスラム教徒の共通の挨拶の言葉

As salamu Alaikum ———————— 「あなたの上に平和がありますように」
アッサラーム　アライクム

●返答の言葉

Wa Alaikum Assalam ———————— 「あなたにも平和がありますように」
ワ　アライクム　アッサラーム

実生活② 電気製品について

1. Siz-ning compyutéringiz-ni körüp baqsam bolamdu?
スィズ ニン   コムピュティリンギイズ ニ   コェルプ バ ク サ ム   ボラ ム ドゥ
あなた-の   パソコン-を   　　　　　見ても   よろしいでしょうか?

2. Bolidu, emma batatéyesi az qaptu.
ボリドゥ   エン マ   バタレィイエスィ   アズ   カップトゥ
いいです、 でも   バッテリー(が)   少ない 残りです。
　　　　　　　　　　　　　　　　　　(残り少ないです)

【emma(しかし)、batatéye
(電池)、az(少ない)、
qal-maq(残る、余る)】

3. Men pütün xewerler-ni compyutér-din körimen.
メン   プトゥン   ヘウェルレル ニ   コンピュティル ディン   コェリメン
私(は)   すべて(の)   ニュース-を   パソコン-で   見ます。

【pütün(すべて)、
xewer(ニュース)】

4. Xelqara-liq xewerler-ni-mu köremsiz?
ヘル カ ラリック ヘウェルレル ニ ム   コェレムスィズ
国際　　　　　 ニュース(-を)-も   見ますか?

【xelqara(国際)、
xewer(ニュース)】

5. Shundaq, hemmisi-ni körimen.
シュンダック   ヘッミスィ ニ   コェリメン
そうです、 全部-を   　　見ます。

【shundaq(そうだ)】

6. Bu qehwexani-da Wi-F i bar-mu?
ブ   ケフウェ ハ ニ ダ   ワイファイ   バル ム
この 珈琲店-に   Wi-Fi(は) あります-か?

【qehwexana(珈琲店)】

7. Hazir tor baziri bek tereqqi qilip ketti.
ハズィル   トル   バズィリ   ベック   テレッキ   クリップ ケッティ
今   ネット 市場(は) とても 発展   しました。

【hazir(今)、tor(ネット、網)、
bazar(市場)、tereqqi(発
展)、qil-maq(する、なる)、
ket(去る:ここは補助動詞)】

8. Shundaq, bek qolayliq boptu he.
シュンダック   ベック   コライリック   ボップトゥ   ヘ
そうです、 とても 便利(に) なりました ね。

【qolayliq(便利)、
boptu(<bol-uptu:なった)、
he(~ですね)】

9. Téléwizor-da yaxshi pirogramma bar.
ティレィウィゾル ダ   ヤフシ   プ ロ グ ラン マ   バル
テレビ-で   いい   番組(が)   あります。

【téléwizor(テレビ)、
pirogramma(番組、プログ
ラム)】

10. Bu kino-ni téléwizor-da körgen.
ブ   キノ ニ   ティレィウィゾル ダ   コェルゲン
この 映画-を   テレビ-で   見たことがあります。

【kino(映画)】

11. Bu xewer-ni qaysi dolqun-da qoyuwatidu?
ブ ヘウェル ニ カイスィ ドルクン ダ コユワティドゥ

この ニュース-は 何 チャンネル-で 放送していますか？

【dolqun（電波、チャンネル）、qoy-maq（放送する、置く、残す）】

12. Qanal-ni özgerting.
カナル ニ オェズゲルティン

チャンネル-を 変えてください。

【qanal（チャンネル）、özgert-mek（変える）】

13. Awazi bek chong, sel peseyting.
アワズィ ベック チョン セル ペセイティン

音（が） とても 大きい、 少し 小さくしてください。

【awaz（音）、sel（少し）、peseyt-mek（低くする）】

＜単語　xamsöz ＞

compyutér	パソコン	ket	去る	qanal	チャンネル
emma	しかし	qolayliq	便利	özgert-mek	変える
az	少ない、わずか	boptu	なった	awaz	音
pütün	すべて	he	～ですね	sel	少し
xewer	ニュース、情報	téléwizor	テレビ	peseyt-mek	低くする
hazir	今	dolqun	電波、チャンネル		
tor	ネット、網	pirogramma	番組、プログラム		
tereqqi	発展	qoy-maq	放送する、置く、残す		

＜関連単語（munasiwetlik xamsöz）＞

tok トク	電気	simsiz スィムスィズ	無線	xatire ハティレ	メモリ、記憶、ノート
yoruq ヨルック	明るい	radiyo ラディヨ	ラジオ	maus マウス	マウス
sim スィム	電線、ワイヤー	xatire compyutér ハティレ コムピュティル			ノートパソコン
nur ヌル	光	sinalghu léntisi スィナルグ レインティスィ			ビデオテープ
chiragh チラック	照明	ün alghu ウュン アルグ			テープレコーダー
lampa ラムパ	電球	kasétka カセィットカ			カセットテープ
rozetka ロゼットカ	コンセント	kir alghu キル アルグ			洗濯機
tok qachilighuch トク カチリグチ	充電器	tonglatqu トンギラットク			冷蔵庫
tok ulighuch トク ウリグチ	スイッチ	changtozang sümürgüch チャントザン スュムュルグチ			掃除機
tok bésim トク ベィスィム	電圧	hawa tengshigüch ハワ テンギシグチ			エアコン
tok membesi トク メムベスィ	電源	kontorol, kontorolghuch, tizginek コントロル、コントロルグチ、ティズギネック			リモコン

111

mektep, xizmet toghrisida

実生活③ 学校・職業について

1. **Oghlingiz   qanchinchi   yil-liq-ta?**
   オグリンギイズ　　カンチンチ　　イルリック　タ
   息子さん（は）　　何　　　　　　年生です-か？

   【oghul（息子）、qanchinchi（第何位、何番）、-inchi（～番目）、yil-liq（年度、周年、～年生、学年）】

2. **Toluqsiz ottur   üchinchi   yil-liq-ta.**
   トルックスィズ オットゥル　ウュチンチ　イルリック　タ
   中学　　　　　　　3　　　　　　年生-です。

   【toluqsiz ottur（中学:toluqsiz（不完全な）、ottura（中間の））、üchinchi（第3）】

3. **Bir yil-liq-ta qanche sinip   bar?**
   ビル　イルリック タ　カンチェ　スィニプ　　バル
   1　　学年-に　　何　　　　教室（が）　ありますか？

   【sinip（教室）】

4. **Sawaqdishingiz   köp-mu?**
   サワクディシンギイズ　コェプ　ム
   同級生（は）　　　　　多いです-か？

   【sawaqdash（同級生）】

5. **Chong oghlum aliy-mektep   tötinchi yil-liq-ta.**
   チョン オグルム　アリ メクテップ　トェティンチ イルリック　タ
   長男（は）　　　　大学　　　　　　4年生-です。

   【chong oghul（長男）、aliy-mektep=uniwérsitét（大学:aliy（最高の）、tötinchi yil-liq（4年生）】

6. **Mejburiy ma'arip   qanche   yil-liq?**
   メ ジ ブ リ イ　マ ア リ ップ　カ ン チ ェ　イルリック
   義務　　　　教育（は）　何　　　　年ですか？

   【mejburiy ma'arip（義務教育）、mejburiy（義務的）、ma'arip（教育）】

7. **Mejburiy ma'arip   toqquz   yil.**
   メ ジ ブ リ イ　マ ア リ ップ　トックズ　イル
   義務　　　　教育（は）　9　　　　年です。

8. **Xizmet orningiz   öyingiz-ge   yéqin-mu?**
   ヒズメット オルニンギイズ　オェインギイズ ゲ　イェェキン　ム
   職場（は）　　　　　　家-に　　　　　近いです-か？

   【xizmet（仕事）、orun（場所）、öy（家）、yéqin（近い）】

9. **Poyiz-da ikki   béket.**
   ポ イ ズ　ダ　イ ッ キ　ベィケット
   電車-で　　2　　　駅です。

   【poyiz（電車）、béket（駅）】

10. Ayalingiz néme xizmet-ni qilidu?
アヤリンギイズ　ネィメ　ヒズメット ニ　キリドゥ

奥さん（は）　何（の）　仕事-を　していますか？

【ayal（女性、奥さん）】

11. Ayalim kespiy-mektep-ning oqutquchisi.
アヤリム　ケスピイ メクテップ ニン　オクットクチスィ

妻（は）　専門　学校-の　先生です。

【kespiy-mektep（専門学校）oqutquchi（教師、先生）、-si（指定の接辞）】

12. Qachan yaz-liq tetil-ge chiqisiler?
カチャン　ヤズリック　テティル ゲ　チキスィレル

いつ　夏　休み-に　なりますか？

【qachan（いつ）、yaz-liq tetil（夏休み）、yaz（夏）、tetil（休み）、chiq-maq（出る、上がる、登る）】

＜単語　xamsöz ＞

yil-liq	年度、周年、～年生、学年	ma'arip	教育
toluqsiz ottur	中学	xizmet	仕事
toluqsiz	不完全な	orun	場所、地、エリア
ottura	中間の	poyiz	電車
chong oghul	長男	ayal	女性、奥さん、妻
aliy-mektep / uniwérsitét　大学		kespiy-mektep	専門学校
aliy	最高の	yaz-liq tetil	夏休み
tötinchi yil-liq	４年生	yaz	夏
mejburiy ma'arip	義務教育	tetil	休み
mejburiy	義務的	chiq-maq	出る、上がる、登る

＜関連単語（munasiwetlik xamsöz）＞

ma'arip idarisi マアリップ イダリスィ	教育局	etiyazliq tetil エティヤズリック テティル	春休み
ma'aripchi マアリップチ	教育者	qishliq tetil キシリック テティル	冬休み
yesli イェスリ	幼稚園、託児所	til mektep ティル メクテップ	言語学校
bashlanghuch mektep バシランギグチ メクテップ	小学校	sinip mes'uli スィニップ メスリ	教室担任
toluq ottura mektep トルック オットゥラ メクテップ	高等学校	mektep mudiri メクテップ ムディリ	学長

ders デリス	授業	giologiye ギオロギイェ	地質	emgekchi エムゲックチ	労働者
dersxana デリスハナ	教室	fizika フィズィカ	物理	sotchi ソッチ	裁判員
kütüpxana クトゥップハナ	図書館	matématika マティマティカ	数学	dihqan ディフカン	農民
zal ザル	講堂	edebiyat エデビヤット	国文学	téxnikichi ティヒニキチ	技術師
mektep derwazisi メクテップ デルワズィスィ	校門	jemiyet ジェミイェット	社会学	shopur ショプル	運転手
tenterbiye zali テンテルビイェ ザリ	体育館	tarix タリヒ	歴史	yazghuchi ヤズグチ	作家
doska ドスカ	黒板	jughrapiye ジュグラピイェ	地理	muxbir ムフビル	新聞記者
derslik kitab デリスリッキ キタップ	教科書	tenterbiye テンテルビイェ	体育	tehrir テフリル	編集者
lughet ルゲット	辞書	sen'et センエット	芸術	xettat ヘッタト	書道家
qamus カムス	百科事典	muzika ムズィカ	音楽	élanchi エィランチ	アナウンサー、 司会者
depter デップテル	ノート	tebiet テビエット	自然学	riyasetchi リヤセッチ	司会者
qelem ケレム	ペン	resim sen'et レスィム センエット	絵画美術	injhénér (inzhénér) インジェィネイル	エンジニア
qérindash ケィリンダシ	鉛筆	tebi'iy pen テビイ ペン	理系	xizmetchi ヒズメッチ	会社員
öchürgüch オェチュルグチ	消しゴム	ijtima'iy pen イジティマイ ペン	文系	dölet xadimi ドゥレット ハディミ	公務員
sizghuch スィズグチ	ものさし、 定規	qanun カヌン	法学	herbi ヘルビ	軍人
sirkul スィルクル	コンパス	iqtisad イクティサッド	経済学	satrach サトラッチ	理髪師
qelem qutisi ケレム クティスィ	筆箱	siyaset スィヤセット	政治学	yaghachchi ヤガッチ	大工
üch bulungluq sizghuch ウュチ ブルンルック スィズグチ	三角定規	méditsina メィディットスィナ	医学	dukan xadimi ドゥカン ハディミ	店員
imtihan イムティハン	試験	méxanika メィハニカ	力学	a'ile ayali アイレ アヤリ	主婦
maqale マカレ	レポート、 論文	shirket シルケット	会社	astronom アストロノム	天文学者
netije ネティジェ	成績	sana'et サナエット	工業	alem uchquchisi アレム ウッチクチスィ	宇宙飛行士
tapshuruq タップシュルック	宿題	yéza igilik イェイザ イギリッキ	農業	uchquchi ウッチクチ	パイロット
mewsüm メウスュム	学期	soda-tijaret ソダ - ティジャレット	商業		

114

実生活④ 言語学習・数字について

1. **Siz**　　　**yaponche**　**sözliyelemsiz?**
   スィズ　　　　ヤ ポ ン チェ　　スズリィェレムスィズ

   あなた (は)　日本語 (を)　話せますか？

   【yaponche (日本語)、sözli-mek (話す：sözli-yel-em-siz：-yel-は可能語尾、emは疑問、sizは2人称接辞)】

2. **Yaq,**　　**sözliyelmeymen.**
   ヤック　　　ソェズリィェルメイメン

   いいえ、　話せません。

   【sözliyelmeymenはsözli-yel-mey-menで「話せない」、yelは可能語尾、meyは否定語尾、menは1人称接辞】

3. **He'e,**　　**sözliyeleymen.**
   ヘ・エ　　　ソェズリィェレイメン

   うん、　　話せるよ。

   【sözliyeleymenはsözli-yel-ey-menで「話せる」】

4. **Inglizchi-ni**　**nechche yil**　**ögendingiz?**
   インギリズチ ニ　　ネッ チェ　イル　　オェゲンティンギイズ

   英語-を　　　　何　　　年　習いましたか？

   【inglizche (英語)、ögen-mek (学ぶ、習う)】

5. **Üch**　**yil**　**ögendim.**
   ウュチ　イル　　オェゲンティム

   3　　年　　勉強しました。

6. **Qanche**　**chet'el tili-ni**　**bilisiz?**
   カンチェ　チェットエル ティリ ニ　ビリスィズ

   いくつ (の)　外国　語-を　知っていますか？
   (何ヵ国語が分かりますか？)

   【chet'el (外国)、til (言葉、言語)、bil-mek (分る、知る)】

7. **Men**　**alte**　**xil**　**til-ni**　**bilimen.**
   メン　　アルテ　ヒル　ティル ニ　ビ リ メン

   私 (は)　6　種類 (の)　言葉-を　知っています。

   【xil (種類)】

8. **Qandaq qilsa**　**til-ni**　**téz**　**ögen-gili**　　　**bolidu?**
   カンダック キルサ　ティル ニ　ティズ　オェゲン ギリ　　　ボリドゥ

   どう　　すれば　言語-を　早く　勉強-すること (が)　できますか？
   　　　　　　　　　　　　　　(習得-することが)

   【qil-maq (する)、-sa (条件接辞、～すれば)、téz (速く)、-gili bolidu (～することができる)】

9. Köp anglash, köp sözlesh kérek.
コェプ　アンギラシ　コェプ　ゾェズレシ　ケィレック

たくさん　聞くこと、　たくさん　話すこと（が）　必要です。

【köp（たくさん）、angli-maq（聞く）、-sh（動詞の名詞化接辞）、sözli-mek（話す）、kérek（必要）】

10. Men til ögünüsh-ke qiziqimen.
メン　ティル　オェグュヌシ ケ　キズィキメン

私（は）　言語（を）　勉強すること-に　興味があります。

【qiziq-maq（興味を持つ、関心を持つ）】

11. Her küni ottuz minut inglizche tili-ni ögünimen.
ヘル クニ　オットゥズ　ミヌット　インギリズチェ ティリ ニ　オェグュニメン

毎日　30　分　英語-を　勉強します。

【her kün（毎日）、minut（分）】

12. Sekkiz-ge toqquz-ni qoshsa on yette bolidu.
セッキズ ゲ　トックズ ニ　コシュサ　オン イェッテ　ボリドゥ

8-に　9-を　足せば　17　になります。

【qosh-maq（足す）、qoshush（足し算）、bol-maq（なる）】

13. Toqsan-din ottuz-ni alsa atmish bolidu.
トックサン ディン　オットゥズ ニ　アルサ　アトミシ　ボリドゥ

90-から　30-を　引けば　60　になります。

【al-maq（取る、引く）、élish（引き算）】

14. Besh-ke töt-ni köpeytse yigirme.
ベシ ケ　トェット ニ　コェペイットセ　イギルメ

5-に　4-を　掛ければ　20です。

【köpeyt-mek（増やす、掛ける）、köpeytish（掛け算）】

15. Yigirme bir-ni yetti-ge bölse üch bolidu.
イギルメ　ビル ニ　イェッティ ゲ　ボェルセ　ウュチ　ボリドゥ

21-を　7-で　割れば　3　になります。

【böl-mek（割る、分解する）、bölüsh（割り算）】

< 単語　xamsöz >

yaponche	日本語	qosh-maq	足す
sözliyelmeymen	話せない	qoshush	足し算
sözliyeleymen	話せる	al-maq	取る、引く
inglizche	英語	élish	引き算
til	言葉、言語	köpeyt-mek	増やす、掛ける
xil	種類	köpeytish	掛け算
köp	たくさん、多い	böl-mek	割る、分解する
kérek	必要	bölüsh	割り算
her kün	毎日	（qal-maq	残る、割り算の商になる）

ana tili アナ ティリ	母国語	italiyeche イタリイェチェ	イタリア語	asiyaliq アスィヤリック	アジア人
ortaq til オルタック ティリ	共通語	firansuzche フランスズチェ	フランス語	awstiraliyelik アウィスティラリイェリック	オーストラリア人
ölchemlik til オェルチェムリッキ ティリ	標準語	mongghul tili モングル ティリ	モンゴル語	gézit ゲイズィット	新聞
gep ゲップ	言葉、話し	özbek tili オェズベック ティリ	ウズベク語	shéir シェイイル	詩
sözler ソェズレル	語句	qazaq tili カザック ティリ	カザフ語	hékaye ヘイカイェ	短編小説
yéziq イェィズィク	文字	qirghiz tili キルギズ ティリ	キルギス語	roman ロマン	長編小説
rim yéziqi リム イェィズィキ	ローマ字	tajik tili タジッキ ティリ	タジク語	dastan ダスタン	物語、叙事詩
xenzuche yéziq ヘンズチェ イェィズィク	漢字	türük tili トュリュク ティリ	トルコ語	san サン	数字
chettin kirgen til チェッティン キルゲン ティリ	外来語	koriye tili コリイェ ティリ	韓国語	taq san タック サン	奇数
girammatika グランマティカ	文法	terjime テルジメ	翻訳、通訳	jüp san ジュップ サン	偶数
teleppuz テレップズ	発音	terjiman テルジマン	通訳者	nisbet ニスベット	割合
jümle ジュムレ	文章	chet'ellik チェットエルリッキ	外国人	pirsent ビルセント	パーセント
téma ティマ	題目	amérikiliq アメィリキリック	アメリカ人	töt den bir トェット デン ビル	4分の1
mezmun メズムン	内容	engiliyelik エンギリイェリッキ	イギリス人	yérim イェィリム	半分
dölet tili ドェウレット ティリ	国語	fransiyelik フランスィイェリッキ	フランス人	arliq アルリック	距離
chet'el tili チェッエル ティリ	外国語	germaniyelik ゲルマンニイェリッキ	ドイツ人	yüz ユズ	面積
yapon tili ヤポン ティリ	日本語	yaponiyelik ヤボニイェリッキ	日本人	hejim ヘジム	体積
yaponche ヤポンチェ	日本語、 日本式の	afriqiliq アフリキリック	アフリカ人	boy égizlik ボイ エィギズリッキ	身長
némische ネィミスチェ	ドイツ語	zhonggoluq ジュンゴロック	中国人	beden éghirliq ベデン エィギルリック	体重
ispanche イスパンチェ	スペイン語	yawropaliq ヤウロパリック	ヨーロッパ人		

実生活⑤ 銀行・支払いについて

1. Banki-gha　pul　　qoyay　dégen.
バンキ ガ　　ブル　　コヤイ　　ディゲン
銀行-に　　　お金（を）　預けよう　と思う。

【banka（銀行）、pul（お金）、qoy-maq（置く、預ける）、-ay（勧誘を表す接辞〜したい）】

2. Banki-din　ming yen　pul　　alay.
バンキ ディン　ミン イェン　ブル　　アライ
銀行-から　　1000　円　　お金（を）　引き出そう。

【pul（お金）、al-maq（取る、引き出す）】

3. Ösümi　　qanche　bolidu?
オェスュミ　カンチェ　ボリドゥ
利子（は）　いくら　　になりますか?

【ösüm（利子）】

4. Muddet-lik　　qoyay.
ムッデットリッキ　コヤイ
定期（預金）-に　預けよう。

【muddet-lik（期限のある、定期の）】

5. Pul　　　tégish-kili　　bolamdu?
ブル　　ティギシ キリ　　ボラムドゥ
お金（を）　交換-すること（が）　できますか?

【tégish-mek（交換する）】

6. Chet'el-ge pul　　salay　dégen.
チェットエル ゲ　ブル　サライ　ディゲン
外国-に　　お金（を）　送ろう　と思います。

【sal-maq（入れる、送る）】

7. Öy puli-ni　banki-din　töley.
オェイ ブリ-ニ　バンキ ディン　トェレイ
家賃-を　　　銀行-から　　支払おう。

【öy puli（家賃）、banka（銀行）、töli-mek（払う）】

8. Oqush puli-ni　qandaq　　töleymen?
オクシュ ブリ ニ　カンダック　トェレイメン
学費-を　　　　どのように　支払いますか?

【oqush puli（学費）】

9. Bu yer-ge　qol　　qoyung.
ブ イェル ゲ　コル　　コ ユン
ここ-に　　サイン　してください。

【yer（場所、地）、qol（手）、qol qoy-maq（サインする）】

10. Talon-ni　yaxshi　saqlang.
タロン ニ　ヤフシ　サックラン
領収書-を　大事に　保存してください。

【talon（領収書、伝票）、saqli-maq（保存する、守る）】

118

11. Pulingiz-ni sanang.
プリンギズ ニ サナン
【sani-maq（数える）】

お金-を　　　数えてください。

12. Men bu yer-de waqit-liq ishlewatimen.
メン　　ブ イェル デ　ワキットリック　イシレワティメン
【waqit-liq（一時的、暫定的）、ishli-mek（働く）】

私（は）　ここ-で　　一時的（に）　働いています。
　　　　　　　　　（短期的に）

13. Bek yaxshi boptu, bir sa'et-ke qanche béridu?
ベック　ヤフシ　ボプトゥ　ビル サエット ケ　カンチェ　ベィリドゥ
【sa'et（時間）、ber-mek（与える、～してあげる）】

とても　いい　ですね、時給（は）　いくら　くれますか？
　　　　　　　　　　　　　　（いくらですか？）

14. Bir sa'eti-ge ikki ming besh yüz yen,
ビル サエッティ ゲ　イッキ ミン ベシ ユズ イェン

1　時間-に　　2　千　5　百　円、

bir küni-ge ikki tümen yen.
ビル クュニ ゲ　イッキ トュメン イェン

1　日-に　　2　万　　円です。

< 単語　xamsöz >

banka	銀行	töli-mek	払う
qoy-maq	置く、預ける	oqush puli	学費
al-maq	取る、引き出す	qol qoy-maq	サインする
ösüm	利子	talon	領収書、伝票
muddet-lik	期限のある、定期の	saqli-maq	保存する、守る
tégish-mek	交換する	sani-maq	数える
sal-maq	入れる、送る	waqit-liq	一時的、暫定的
öy puli	家賃		

著名ウイグル人の名言集⑮

ئۆز قەدىرىنى بىلگەن كىشى ھېچقاچان خار بولمايدۇ.

Öz qedirini bilgen kishi héchqachan xar bolmaydu.

自分の価値を知る人はどんな時でも侮辱されない。

مۇھەممەد ئىبنى ئابدۇللا خاراباتى

Muhemmed Ibni Abdulla Xarabati (1638-1730)

119

< 関連単語 （munasiwetlik xamsöz） >

muddetsiz ムッデットスィズ	無期限	uzun muddetlik ウズン ムッデットリッキ	長期的
pütün pul プュトゥン プル	高額の紙幣	qisqa muddetlik キスカ ムッデットリッキ	短期的
banka karti バンカ カルティ	銀行カード	qerelsiz ケレルスィズ	普通の
parche pul パルチェ プル	小銭	qerellik ケレルリック	定期的
banka kénishkisi バンカ ケニシキスィ	預金通帳	mukapat ムカパット	賞、褒美
tengge テンゲ	コイン 【南新疆の古いお金】	pénsiye puli ペィンスイイェ プリ	退職金
banka xadimi カンパ ハディミ	銀行員	banka nomur バンカ ノムリ	口座番号
pul parchilash プル パルチラシ	お金を崩すこと	banka nomurini échish バンカ ノムリニ エィチシ	口座開設
parchili-maq パルチリ - マック	崩す	tamgha タムガ	印鑑
mexpiy nomur メフピイ ノムル	暗証番号	imza qoyush イムザ コユシュ	署名すること
pul pütünlesh プル プュトゥンレシ	小銭を紙幣にすること	pul chéki プル チェィキ	小切手
pütünli-mek プュトゥンリ - メック	整数にする	dollar ドッラル	ドル
turaqliq xizmetchi トゥラクルック ヒズメットチ	正社員	chet'el puli péréwoti チェッエル プリ ペィレィウォティ	外国為替
xizmetchi ヒズメットチ	従業員、スタッフ	pul almashtur-maq プル アルマシュトゥル - マック	両替する
turaqliq トゥラクルック	安定した	pul ewet-mek プル エウェット - メック	送金する
muqim ムクム	安定	pul yolli-maq プル ヨッリ - マック	振り込む
muqim xizmet ムクム ヒズメット	安定職	banka mes'uli バンカ メスウリ	銀行担当者
xizmet ヒズメット	仕事	boghaltir ボガルティル	会計士
hisawat ヒサワット	計算、勘定	meblegh salghuchi メブレグ サルグチ	金融投資家
su puli ス プリ	水道料金		
tok puli トク プリ	電気料金		
uzun muddet ウズン ムッデット	長期		
qisqa muddet キスカ ムッデット	短期		

120

外出① 買い物（食品）

1. Néme alisiz?
ネィメ　アリスィズ
何（を）　買いますか？

【néme（何）、al-maq（取る、買う）】

2. Pemidur-din besh dane alay.
ペミドゥル ティン　ベシ　ダネ　アライ
トマト-から　5　個　買おう。
（を）

【pemidur（トマト）、dane（個）】

3. Palek bilen sewzi-ni alay.
パレク　ビレン　セウズィ ニ　アライ
ほうれん草　と　人参-を　買おう。

【palek（ほうれん草）、sewze（人参）】

4. Berengi-din bir kilo alay.
ベ レンギ ティン　ビル　キロ　アライ
ジャガイモ-から　1　キロ　買おう。
（を）

【berenge（ジャガイモ）、kilo（キログラム）】

5. Bir sapaq üzüm alay.
ビル　サバク　ウzウム　アライ
1　房　ブドウ（を）　買おう。

【sapaq（房）、üzüm（ぶどう）】

6. Tawuz tatliq-mu?
タ ウ ズ　タッティリック ム
スイカ（は）　甘いです-か？

【tawuz（スイカ）、tatliq（甘い）】

7. Tatliq, yep körüp béqing.
タッティリック　イェブ　コェルュプ　ベィキン
甘いですよ、食べて　みて　ください。

【yé-mek（食べる）、kör-mek（みる）、baq-maq（見る：補助動詞、狭母音化）】

8. Rast tatliq iken, bir-ni alay.
ラス　タッティリック　イケン　ビル ニ　アライ
本当（に）甘い　ですね、1つ（-を）買おう。

【rast（本当、rasla（本当に、非常に））】

9. Yene némi-ni sétiwalisiz?
イェネ　ネィミ ニ　セィティワィリスィズ
ほか（に）　何-を　買い求めますか？

【yene（また、他）、sétil-maq（売られる）、sétiwal-maq（買い求める）】

10. Qoy göshi bar-mu?
コ イ　ゴェシ　バル ム
羊　肉（は）　あります-か？

【qoy（羊）、gösh（肉）】

11. **Parche alamsiz?   pütün   alamsiz?** 【parche（一部）、pütün（全部）】
バルチェ　アラムスィズ　　プトゥン　アラムスィズ

一部（を）買いますか？　1匹まるごと　買いますか？

12. **Girde nan   bar-mu?** 【girde nan（ギルデナン：ナンの一種）】
ギルデ　ナン　　　　バル　ム

ギルデ ナン（は）　あります-か？

13. **Issiq   nan-din   besh-ni   alay.** 【issiq（温かい、暑い）】
イッスィク　ナン ディン　ベ シ ニ　アライ

温かい　ナン-から　5個（-を）　買おう。
　　　　（を）

14. **Qanche   xil   nan   bar?** 【qanche（いくつ）、xil（種類）】
カンチェ　ヒル　ナン　バル

何　　　種類　　ナン（が）　ありますか？

15. **Gösh nan-mu   bar.** 【gösh nan（ゴォシュナン：肉を包んだパイ、ナンの一種）】
ゴェシ　ナン　ム　バル

肉　　ナン-も　あります。

< 単語　xamsöz >

al-maq	取る、買う	üzüm	ぶどう	qoy	羊
pemidur	トマト	tawuz	スイカ	gösh	肉
dane	個	tatliq	甘い	parche	一部
palek	ほうれん草	yé-mek	食べる	pütün	全部
sewze	人参	rast	本当	girde nan	ギルデナン
berenge	ジャガイモ	rasla	本当に、非常に		（ナンの一種）
kilo	キログラム	sétil-maq	売られる	gösh nan	ゴォシュナン
sapaq	房	sétiwal-maq	買い求める		（肉を包んだパイ）

ئىلىم ئىنسان ئۈچۈن بىر گۆھەردۇر.

Ilim insan üchün bir göherdur.

知識は人類にとって一つの宝である。

نورۇز زىيائى

Noruz Ziyai (17-esir, 17-世紀)

< 関連単語（munasiwetlik xamsöz） >

ichimlik (イチミッリク)	飲み物	tatliq berenge (タットリク ベレンゲ)	さつまいも	üjhme (üzhme) (ウジメ)	桑の実
yémeklik (イェイメクリッキ)	食べ物	bambuk notisi (バムブク ノティシ)	たけのこ	yangaq (ヤンアック)	クルミ
bolka (ボルカ)	パン	turup (トゥルップ)	大根	quruq üzüm (クルック ウズュム)	干しブドウ
tort (トルット)	ケーキ	chamghur (チャムゴル)	かぶ	chilan (チラン)	ナツメ
péchine (ペイチネ)	クッキー	kerepshe (ケレップシェ)	セロリ	toxo göshi (トホ ゴシ)	鶏肉
shakalat (シャカラット)	チョコレート	samsaq (サムサック)	にんにく	pachaq göshi (パチャック ゴシ)	もも肉
kempüt (ケムプット)	飴	gümbemedek (グュムベメデク)	きのこ	töge göshi (トェゲ ゴシ)	ラクダ肉
méwe (ミウェ)	果物	laminariye (ラミナリイェ)	昆布	kala göshi (カラ ゴシ)	牛肉
quruq méwe (クルック ミウェ)	干し果物	tuxum (トゥフム)	卵	at göshi (アット ゴシ)	馬肉
köktat (コェクタット)	野菜	purchaq (プルチャク)	豆	xam béliq (ハム ベイリク)	生魚、寿司
kawa (カワ)	かぼちゃ	tofu/mash uyma (トフ /マシュ ウイマ)	豆腐	bir qoy (ビル コイ)	一匹の羊
kallek yésiwélek (カッレク イェイスィウェイレク)	キャベツ	alma (アルマ)	リンゴ	béliq (ベイリク)	魚
terxemek (テルヘメク)	きゅうり	neshpit (ネシビット)	ナシ	sur göshi (スル ゴシ)	スモーク肉
zenjiwil (ゼンジウィル)	しょうが	banan (バナン)	バナナ	choka purchaq (チョカ プルチャク)	ささげ
piyaz (ピヤズ)	玉ねぎ	shaptul (シャプトゥル)	モモ	yéssi purchaq (イェスィ プルチャク)	いんげん豆
ghol piyaz (ゴル ピヤズ)	長ねぎ	örük (オエルュク)	アンズ	mash ündürmisi (マシュ ウンドゥルミスィ)	もやし
pidigen (ビディゲン)	なす	qoghun (コグン)	メロン	qara qérinqulaq (カラ ケイリンクラック)	黒きくらげ
küde (クュデ)	にら	boljürgen (ボルジュルゲン)	イチゴ	ghol samsaq (ゴル サムサック)	にんにくの芽
yésiwélek (イェイスィウェイレク)	白菜	limon (リモン)	レモン	gürüch (グルュチ)	米
kökmuch (コェクムシュ)	青ピーマン	enjür (エンジュル)	イチジク	qonaq (コナック)	とうもろこし
qizilmuch (キズィルムシュ)	赤ピーマン	anar (アナル)	ザクロ	bughday uni (ブグダイ ウニ)	小麦粉
kökchéchek (コェクチェイチェク)	ブロッコリー	gilas (ギラス)	サクランボ	yagh (ヤグ)	油
yumghaqsüt (ユムガクスュット)	パクチー	mandarin apélisin (マンダリン アペイリスィン)	ミカン	zighir yéghi (ズィギル イェギ)	ごま油

123

外出② 　買い物（衣服・ファッションなど）

1. Erler-ning　köngliki-ni　izdewatimen.
エルレル ニン　コェンギリキ ニ　イズデワティメン
男性 -の　ワイシャツ-を　探しています。

【er（男）、könglek（ワイシャツ）、izdi-mek（捜す）】

2. Kiyim sinash öyi　nede?
キ イ ム スィナシ オェイ　ネ デ
試着室（は）　どこですか？

【kiyim（服）、sini-maq（試す）、sinash（試すこと）、öy（家、部屋、室）】

3. Balilar-ning　shepkisi　bar-mu?
バリラル ニ ン　シェプキスィ　バ ル ム
子供達-の　帽子（は）　あります-か？

【bala（子供）、shepke（帽子:狭母音化、siは指定詞）】

4. Qish-liq-mu?　yaz-liq-mu?
キ シ リック ム　ヤ ズ リック ム
冬用です-か？　夏用です-か？

【qish（冬）、-liq（の、名詞に接続して形容詞を作る）、yaz（夏）】

5. Qélén　qish-liq　pelto.
ケィレィン　キ シ リック　ペ ル ト
厚手（の）冬用-の　コートです。

【qélén（厚手、厚い）、pelto（コート）】

6. Ayallar-ning　yaghliqi-ni(-din)　alay.
アヤルラル ニ ン　ヤ グ リ ク ニ　ディン　アライ
女性達-の　スカーフ-を（-から）　買おう。

【ayal（女性、妻）、yaghliq（スカーフ）】

7. Yazliq　ayagh-tin bir jüp　alay.
ヤズリック　アヤックティン ビル ジュプ　アライ
夏用の　靴-を　1 足　買おう。

【ayagh（靴）、jüp（対の、揃いの）、bir jüp（1対=1足）】

8. Putingiz-ning　razméri　qanche?
プティンギイズ ニ ン　ラズメィリ　カンチェ
足-の　サイズ（は）　いくつですか？

【put（足）、razmér（サイズ）】

9. Putam-ning　razméri　yigirme üch.
プ タ ム ニ ン　ラズメィリ　イ ギ ル メ ウ チ
私の足-の　サイズ（は）　23です。

【yigirme（20）、üch（3）】

10. Bu　ayagh del　iken.
ブ　アヤック デル　イ ケ ン
この　靴（は）　ちょうど　良さそうです。

【del（ちょうど）】

11. Kitab (-ni)　alay　dep　oylighan.
キ タ ップ ニ　アライ　デップ　オイリ ガ ン
本 (-を)　買おう　と　思っています。

【dé-mek（言う、～しようと思う）】

124

12. Bu kitab bilen awu kitab-ni alay.
ブ　キタップ　ビレン　アウ　キタップ　ニ　アライ
この　本　　と　　あの　本-を　　買おう。

13. Zukam dorisi bilen yötel dorisi-ni bérsingiz.
ズカム　ドリスィ　ビレン　ヨェテル　ドリスィ　ニ　ベィルスィンギイズ
風邪　薬　　と　　咳　薬-を　　　　ください。

【zukam（風邪）、dora（薬）、yötel（咳）】

14. Köz dorisi-din ikki quta sétiwalay.
コェズ　ドリスィ　ディン　イッキ　クタ　セィティワライ
目　薬-から　　　２　箱　　売ってください。
　　　(を)

【köz（目）、quta（箱）、sat-maq（売る）、sétiwal-maq（買い求める）】

15. Qandaq chach pasoni-ni yaqtursiz?
カンダック　　チャチ　　パソ ニ ニ　ヤックトゥルスィズ
どのような　髪　　型-を　　好みますか?

【chach（髪）、pason（型）、yaqtur-maq（好む）】

16. Büdüre chach-mu?
ブドゥレ　チャチ　ム
パーマ　　ヘアです-か?

yaki tüz chach-ni yaxshi köremsiz?
ヤキ　トゥズ　　チャチ ニ　ヤフシ コェレムスィズ
それとも　ストレート　ヘア-が　好きですか?

【büdüre（パーマ、巻き毛）、yaki（または、それとも）、tüz（まっすぐ、平ら）、kör-mek（見る）、yaxshi kör-mek（好きになる）】

17. Chach-ni qandaq reng-de boyaysiz?
チャチ ニ　　カンダック　レン デ　ボヤイスィズ
髪-を　　　どんな　　色-に　　染めますか?

【reng（色）、boyi-maq（染める）】

18. Saqal-ni men élip qoyay.
サカル ニ　メン　エィリップ　コヤイ
ひげ-を　私（が）　剃って　あげましょう。

【saqal（あごひげ）、élip（al+ip, al-maq（剃る、取る））、qoy-maq（置く:補助動詞～しておく）】

19. Yene azraq qisqa késing.
イェネ　アズラック　キスカ　ケィスィン
もう　少し　　短く　　刈ってください。

【yene（もう）、azraq（少し）、qisqa（短い）、kes-mek（刈る、切る）】

20. Chéchim-ni chach sopun bilen
チェィチム ニ　チャチ ソプン　ビレン
（私の)髪-を　　シャンプー　　で

yuyup qoysingiz.
ユユップ　コイスィンギイズ
洗って　おいてください。

【chach sopun（シャンプー）、yu-maq（洗う）】

＜単語　xamsöz ＞

er	男	put	足	yaki	または、それとも
könglek	ワイシャツ	razmér	サイズ	tüz	まっすぐ、平ら
izdi-mek	捜す	del	ちょうど	reng	色
kiyim	服	dé-mek	言う、〜しようと思う	boyi-maq	染める
sini-maq	試す	zukam	風邪	saqal	あごひげ
sinash	試すこと	dora	薬	élip	剃る、取る
öy	家、部屋、室	yötel	咳	qoy-maq	置く、
shepke	帽子	köz	目		（補助動詞の場合：〜しておく）
yaz	夏	quta	箱	yene	もう
qélén	厚手、厚い	sat-maq	売る	azraq	少し
pelto	コート	chach	髪	qisqa	短い
yaghliq	スカーフ	pason	型	kes-mek	刈る、切る
ayagh	靴	yaqtur-maq	好む	chach sopun	シャンプー
jüp	対の、揃いの	büdüre	パーマ、巻き毛	yu-maq	洗う

＜関連単語＞（munasiwetlik xamsöz)

ich kiyim イチ キイム	肌着	kiyim almashtur-maq 着替える キイム アルマシュトゥル - マック		aghriq peseytish dorisi アグリック ペセイテシ ドリスィ	鎮痛剤
chapan チャパン	上着	cheg-mek チェグ - メック	結ぶ	sürge dorisi スュルゲ ドリスィ	下剤
köynek コェイネック	シャツ	ori-maq オリ - マック	巻く	köz dorisi コェズ ドリスィ	目薬
ishtan イシタン	ズボン	égiz pashniliq ayagh エィギズ パシニリク アヤック ハイヒール		bash aghriq dorisi 頭痛薬 バシ アグリック ドリスィ	
kopta コプタ	ブラウス	tenterbiye ayighi 運動靴 テンテルビイェ アイギ		tibabet dorisi ティバベット ドリスィ	漢方薬
qisqa chapan キスカ チャパン	ジャケット	ötük オェトゥク	ブーツ	chach yuyush チャチ ユユシュ	髪を洗うこと
kastum burulka スーツ カストゥム ブルルカ		ayagh chemi アヤック チェミ	靴底	zukam dorisi ズカム ドリスィ	風邪薬
paypaq パイパック	靴下	yazliq ayagh ヤズリック アヤック	サンダル	yötel dorisi ヨテル ドリスィ	咳薬
galistuk ガリストゥク	ネクタイ	sapma kesh サプマ ケシ	スリッパ	kékirdek dorisi 喉薬 ケィキデク ドリスィ	
peley ベレイ	手袋	xurum ayagh フルム アヤック	革靴	ashqazan dorisi 胃薬 アシュカザン ドリスィ	
belbagh / pota ベルト ベルバグ ／ ボタ		kiy-mek キイ - メック	履く	tére dorisi ティレ ドリスィ	皮膚薬
shepke / bök シェプケ ／ ボェク	帽子	rétsép レットセップ	処方箋	antibiotik dorisi 抗生物質 アンティビオティック ドリスィ	
yesh-mek イェシ - メック	脱ぐ、とる	qewziyet dorisi クェウズィイェト ドリスィ	便秘薬		
sal-maq サル - マック	脱ぐ	tablitka dora タブリットカ ドラ	錠剤		

126

外出③　レストラン・映画について

1. Qarshi alimiz,　merhemet.
カルシ　アリミズ　　メルヘメット
いらっしゃいませ、　どうぞ。

【qarshi（向かい、逆の）、merhemet（どうぞ）】

2. Yéngi　échilghan　uyghur　réstorani.
イェィンギ　エィチルガン　ウイグル　レィストゥラニ
新しく　オープンした　ウイグル　レストランです。

【échil-maq（開く、開かれる）、réstoran（レストラン）】

3. Xéridar, néme　tamaq　buyritisiz?
ヘィリダル　ネィメ　タマック　ブイリティスィズ
お客様、　どんな　料理（を）　ご注文ですか?

【xéridar（客）、néme（何、どんな）、tamaq（食事、料理）、buyrut-maq（注文する）】

4. Kawap-tin　on　ziq　we　leghmen-din　bir　texse　buyritay.
カワップ-ティン　オン　ズィク　ウェ　レグメン-ディン　ビル　テフセ　ブイリタイ
カバブ-から　10　串　と　ラグメン-から　1　皿　注文しよう。
　（を）　　　　　　　　　　　（を）

【kawap（カバブ）、ziq（串）、leghmen（ラグメン:麺料理の名）、texse（皿）】

5. Bolidu,　derhal　élip　kéley.
ボリドゥ　デルハル　エィリップ　ケィレイ
はい、　すぐに　持って　こよう。
　　　　　　　（お持ちします）

【derhal（すぐに）、kel-mek（来る）】

6. Yene　gösh,　polo,　manta　bar.
イェネ　ゴェシ　ポロ　マンタ　バル
他（に）　肉、　ポロ、　肉マン（が）　あります。

【polo（ポロ:米の料理の名）、manta（マンタ:肉まん）】

7. Bu　tamaq　achchiq-mu?
ブ　タマック　アッチクム
この　料理（は）　辛いです-か?

【achchiq（辛い）】

8. Azraq　achchiq,　tatliq qilip　béreyli.
アズラック　アッチク　タッティリック キリップ　ベィレイリ
少し　辛いです、　甘く　して　あげましょう。

【azraq（少し）、tatliq（甘い）】

9. Tamaq　bek　mezzilik boptu.
タマク　ベック　メッズィリック ボップトゥ
料理（は）　とても　美味し　かった。

【mezzilik（おいしい）、口語ではmizilik（ミズィリック）とも言う】

10. Hésawat-ni   qiliwéting.
ヘィサワット ニ　　　キリウェィティン

会計-を　　　　　してください。

【hésawat（精算、勘定、口座）、qil-maq（する）、qili+wat-（している）現在進行形、qiliwet-mek（してしまう）動詞完了形】

11. Yaxshi kino   qoyuwétiptu,   köremduq?
ヤフシ キノ　　　コユウェィティプトゥ　　コェレムドゥク

いい　　映画（が）上演しているようです、観ましょうか？（私達）

【kino（映画）、qoy-maq（上映する、置く）、kör-mek（見る）】

12. Bolidu,   kesh-ning béliti-din ikki-ni alayli.
ボリドゥ　　　ケ シ ニン　ベィリティディン　イッキ ニ　アライリ

いいですよ、夜-の　　　チケット-から　2枚-（を）買いましょう。
　　　　　　　　　　　　　（を）

【kesh（夜）、bélet（チケット）】

13. Bu   kino-ni burun   körgen,
ブ　キノ ニ　　ブルン　　コェルゲン

この　映画-を　以前　　　観たことがあります、

anche   qiziq   emes.
アンチェ　キズィック　エメス

あまり　　面白く　ありません。

【burun（以前）、anche（あまり、anche~emesで「あまり~ない」）、qiziq（面白い、熱い）】

14. Shundaq-mu?   undaq bolsa,
シュンダック ム　　　　ウンダック ボルサ

そうです-か？　　　それなら、

【undaq（それ、そう）、bolsa（~は、~なら、主格を強調）】

kéler hepte yéngi kino-ni köreyli.
ケィレル ヘップテ　イェィンギ　キノ ニ　コェレイリ

来　　週（の）新しい　映画-を　観ましょう。

< 単語　xamsöz >

échil-maq	開く、開かれる	texse	皿		bélet	チケット
réstoran	レストラン	polo	ポロ（米料理の名）		anche	あまり
xéridar	客	manta	マンタ（肉まん）		anche ~ emes	
néme	何、どんな	achchiq	辛い			あまり~ない
tamaq	食事、料理	mezzilik	おいしい（口語では		qiziq	面白い、熱い
buyrut-maq	注文する		mizilik とも）		undaq	それ、そう
kawap	カバブ	hésawat	精算、勘定、口座		bolsa	~は、~なら
ziq	串	qoy-maq	上映する、置く		undaq bolsa	それなら
leghmen	ラグメン（麺料理の名）	kesh	夜		慣用表現	

128

＜関連単語（munasiwetlik xamsöz）＞

yémek イェイメック	食べ物	**juwawa/tügre** ジュワワ ／テュグレ	餃子	**yaponiye hariqi** ヤポニィェ ハリキ	日本酒
tatliq タットリック	甘い、うまい	**chilighan sey** チリガン セイ	漬物	**piwa** ピウァ	ビール
tuzluq トゥズルック	塩辛い	**etigenlik tamaq** エティゲンリッキ タマク	朝食	**sherbet** シェルベット	ジュース
qirtaq キルタック	苦い	**chüshlük tamaq** チュシリュック タマク	昼食	**anar sherbiti** アナル シェルビティ	ザクロジュース
qériq ケィリック	渋い	**kechlik tamaq** ケチリッキ タマク	晩御飯	**minéral su** ミネラル ス	ミネラルウォーター
achchiq-chüchük アッチク-チュチュク	辛酸っぱい	**toy-maq** トイ-マック	満腹になる	**su** ス	水
qoyuq コユック	濃い	**qosaq ach-maq** コサック アチ-マック	お腹が空く	**muz** ムズ	氷
sus スス	薄い	**uyghur ta'amliri** ウイグル タアムリリ	ウイグル料理	**qétiq** ケィティック	ヨーグルト
temsiz テムスィズ	味がない	**yapon ta'amliri** ヤポン タアムリリ	日本料理	**marojhni (marozhni)** マロジニ	アイスクリーム
miqtari köp ミキタリ コェプ	量が多い	**yawropa ta'amliri** ヤウロパ タアムリリ	西洋料理	**ashpez** アシペズ	シェフ
mayliq マイリック	油っぽい	**türük ta'amliri** トュルュク タアムリリ	トルコ料理	**kütküchi** クットクチ	サービス係
maysiz マイスィズ	油の少ない	**ashxana** アシハナ	食堂	**mulazimetchi** ムラズィメットチ	係員
xam ハム	生の	**chayxana** チャイハナ	喫茶店	**qonchaq filim** コンチャック フィリム	アニメ
pishshiq ピッシク	熟す、熟した	**qehwe** ケフウェ	コーヒー	**qonchaq** コンチャック	人形
qattiq カッティック	硬い	**qizil chay** キズィル チャイ	紅茶	**sehne** セフネ	舞台
puraq プラック	匂い	**yéshil chay** イシル チャイ	緑茶	**tiyatirxana** ティヤティルハナ	劇場
qiziq キズィック	熱い	**arpa chéyi** アルパ チェイ	麦茶	**komédiye** コメィディイェ	喜劇
soghuq ソグック	冷たい	**wulung chéyi** ウルンギ チェイ	ウーロン茶	**tragédiye** ティラゲィディイェ	悲劇
gürüch tamaq グュルュチ タマク	米飯	**süt chay** スュット チャイ	ミルクティー	**sénariye** セィナリィェ	脚本
bolka ボルカ	パン	**kola** コラ	コーラ	**artis/ayal artis** アルティス／アヤル アルティス	俳優／女優
shorpa ショルパ	スープ	**méwe sherbiti** ミウェ シェルビティ	果汁	**ékran** エィクラン	スクリーン
salat/xamsey サラット／ハムセイ	サラダ／生野菜	**haraq** ハラック	酒	**orun** オルン	客席
chüchüre チュチュレ	ワンタン	**üzüm hariqi** ウュズュム ハリキ	ワイン		

外出④　生活用品（百貨店・コンビニ）

1. **Bu texse bek chirayliq iken.**
   ブ テフセ ベック チライリック イケン
   この 皿（は） とても きれい ですね。
   【texse（皿）、chirayliq（美しい）】

2. **Chong qazan bar-mu?**
   チョン カザン バル ム
   大きな 鍋（は） あります-か?
   【chong（大きい）、qazan（鍋）】

3. **Qehwe qachisi almaqchi idim.**
   ケフウェ カチスィ アルマクチ イディム
   コーヒー カップ（を） 買うつもりです。
   【qehwe（コーヒー）、qacha（カップ）、-maqchi（～するつもり）】

4. **Tam-gha asidighan gilem-ni körsetsingiz.**
   タム ガ アスィディガン ギィレム ニ コェルセットスィンギイズ
   壁-に 飾る 絨毯-を 見せてください。
   【tam（壁）、as-maq（掛ける、飾る）、gilem（絨毯）、körset-mek（見せる）】

5. **Bu Qeshqer-de toqulghan alahide gilem.**
   ブ ケシュケル デ トクルガン アラヒデ ギィレム
   これ（は） カシュガル-で 織られた 特製の 絨毯です。
   【toqul-maq（織られる：toqu-maq（織る）の受身形）、alahide（特製の、特別な）】

6. **Altun zenjir we kömüsh bileyzük-ni körsitip béremsiz.**
   アルトゥン ゼンジル ウェ コェムュシ ビレイズュク ニ クルスィトゥップ ベィレムスィズ
   金（の） ネックレス と 銀（の） 腕輪-を 見せて くれますか。
   【altun（金）、zenjir（鎖、ネックレス）、kömüsh（銀）、bileyzük（腕輪）】

7. **Altun zenjir yoq, emma birliyant zenjir bar.**
   アルトゥン ゼンジル ヨック エンマ ビルリヤント ゼンジル バル
   金（の） ネックレス（は） ありません、 しかし ダイヤモンド（の） ネックレス（が） あります。
   【emma（～が、しかし）、birliyant/almas（ダイヤモンド）】

8. **Balilar-ning oyunchuqi bar-mu?**
   バリラル ニン オユンチュキ バル ム
   子供達-の おもちゃ（は） あります-か?
   【bala（子供）、-lar（複数）、oyunchuq（おもちゃ）】

9. **Türlük mallar magizin-ning ikkinchi qewiti-de bar.**
   トュルルュク マッラル マグズィン ニン イッキンチ ケウィティ デ バル
   百貨店-の 2 階-に あります。
   【türlük mallar magizin（百貨店）、qewet（階、段）】

10. **Talla baziri-din issiq chay alayli.**
    タッラ バズィリ ディン イッスィク チャイ アライリ
    スーパー-で 温かい お茶（を） 買いましょう。
    【talli-maq（選ぶ）、talla bazar（スーパー、市場）、issiq（温かい）、chay（お茶）】

130

11. Qolayliq dukan yigirme töt sa'et ochuq,
コライリック ドゥカン　イギルメ トェット　サエット　オチュク
コンビニ（が）　　　24　　　　時間　オープン（で）、

bekmu eplik.
ベック ム　エプリッキ
とても　　便利です。

【qolayliq（便利）、
dukan（店、ストア）、
ochuq（開かれた、オープン）、
bekmu（とても、非常に）、
eplik（便利な、使いやすい）】

12. Biz-ning yézi-da kichik dukanlar köp.
ビズ ニン　イェィズィダ　キチク　ドゥカンラル　コェフ
私達-の　　村-には　　小売　店（が）　　多い。

【yéza（村、農村）、
kichik（小さい）、
köp（多い）】

13. Bu wélsipit-ni alamsiz?
ブ　ウェィルスィビット ニ　アラムスィズ
この　自転車-を　　　　買いますか？

【wélsipit（自転車）】

14. Bu qimmet iken,
ブ　キムメット　イケン
これ（は）　高い　　です、

azraq erzan-raqi bar-mu?
アズラク　エルザン ラキ　バル ム
少し　　安めの（は）　あります-か？

【qimmet（高い、貴重）、
azraq（少し）、
erzan（安い、手ごろな）、
erzan-raq（安めの）】

15. Bu bek chong,
ブ　ベック　チョン
これ（は）　とても　大きいです、

kichik-rek nerse barmidu?
キ チ ク レック　ネル セ　バル ミ ドゥ
小さめの　　もの（は）　ありませんか？

【bek（とても）、
chong（大きい）、
bek chong（とても大きい）、
kichik（小さい、つまらない）、
kichik-rek（小さめの）】

＜単語　xamsöz ＞

chirayliq	美しい	altun	金	bekmu	とても、非常に
qazan	鍋	zenjir	鎖、ネックレス	yéza	村、農村
qacha	カップ	kömüsh	銀	kichik	小さい、つまらない
tam	壁	bileyzük	腕輪	wélsipit	自転車
as-maq	掛ける、飾る	birliyant/almas	ダイヤモンド	qimmet	高い、貴重
gilem	絨毯	oyunchuq	おもちゃ	erzan	安い、手ごろな
körset-mek	見せる	türlük mallar magizin	百貨店	erzan-raq	安めの
toqul-maq	織られる	talli-maq	選ぶ	bek chong	大きすぎ
toqu-maq	織る	talla bazar	スーパー、市場	kichik-rek	小さめの
alahide	特製の、特別な	chay	お茶		

<関連単語 ＞ (munasiwetlik xamsöz)

qacha-qucha カチャ-クチャ	食器	**chish chotkisi** チシ チョットキスィ	歯磨き	**qol sürtüsh qeghizi** コル スュルトュシ ゲギズィ	ティシュー
chögün チョェグュン	やかん	**chish pastisi** チシ パスティスィ	歯磨き粉	**yastuq** ヤストゥク	まくら
tuwaq トゥワック	ふた	**ustur** ウストゥル	かみそり	**ediyal** エディヤル	毛布
chaydan チャイダン	ポット	**taghaq** タガク	くし	**köpe** コェペ	敷布団
tok qazan トッ カザン	炊飯器	**bolqa** ボルカ	斧、ハンマー	**yotqan** ヨットカン	掛布団
doxopka ドホップカ	オーブン	**miq** ミック	釘	**yotqan téshi** ヨットカン ティシ	布団カバー
pichaq ピチャク	ナイフ	**dezmal** デズマル	アイロン	**uxlash kiyimi** ウフラシ キイミ	パジャマ
embel エムベル	まな板	**lata** ゾゥキン	雑巾	**magizin** マギズィン	百貨店、商店
das ダス	ボール、洗い桶	**chélek** チェィレック	バケツ	**soda kochisi** ソダ コチスィ	商店街
hawancha ハワンチャ	すり鉢	**süpürge** スュプュルゲ	ほうき	**dukan** ドゥカン	店
petnus ペットヌス	盆	**exlet sanduqi** エフレット サンドゥキ	ゴミ箱	**talla baziri** タッラ バズィリ	スーパー
chine チネ	碗	**taraza** タラザ	天秤	**bazar** バザル	バザール
piyale ピヤレ	カップ	**serengge** セレンギゲ	マッチ	**türlük mallar dukini** トゥルルュク マッラル ドゥキニ	デパート
istakan イスタカン	コップ	**aghamcha** アガムチャ	縄	**béliq dukini** ベイリク ドゥキニ	魚屋
romka ロムカ	グラス	**yip** イップ	糸	**gösh dukini** ゴェシ ドゥキニ	肉屋
qoshuq コシュック	スプーン	**sim** スィム	針金	**gül dukini** グュル ドゥキニ	花屋
wélka ウェイルカ	フォーク	**achquch** アチクチ	鍵	**haraq dukini** ハラク ドゥキニ	酒屋
botulka ボトゥルカ	瓶	**qulup** クルップ	錠	**resimxana** レスィムハナ	写真屋
choka チョカ	箸	**tirnaq alghuch** ティルナック アルグチ	爪切り	**kitabxana** キタップハナ	本屋
chish kolighuch チシ コリグチ	つまようじ	**qulaq kolighuch** クラック コリグチ	耳かき	**doraxana** ドラハナ	薬屋
qacha-qucha ishkapi カチャ-クチャ イシカプ	食器棚	**löngge** ロェンゲ	タオル	**kiyim dukini** キイム ドゥキニ	洋服屋
sopun ソプン	洗剤・石鹸	**qol yaghlik** コル ヤグリッキ	ハンカチ	**doppa dukini** ドッパ ドゥキニ	帽子屋

●宝石に関する単語

日本語	ウイグル語	日本語	ウイグル語
金	altun アルトゥン	琥珀	qexriwa ケフリワ
銀	kömüsh コェモュシ	トパーズ	topaz トパズ
プラチナ	aq altun アク アルトゥン	スピネル	uchluq shipan ウチルク シパン
ダイヤモンド	almas/birliyant アルマス／ビルリヤント	水晶	xrostal ヒロスタル
ルビー	qizil yaqut キズィル ヤクット	オパール	opal オパル
サファイア	kök yaqut コェク ヤクット	ザクロ石	anar téshi アナル ティシ
エメラルド	zumret ズムレット	アクアマリン	kök göher téshi コェク ゴェヘル ティシ
真珠	merwayit メルワイット	ベリル	béril ベィリル
ペリドット	zeytun téshi ゼイトゥン ティシ	猫目石	müshük közlük göher téshi ムユシュク コェズルュク ゴェヘル ティシ
トルマリン	tormalin トルマリン	ムーンストーン	ay téshi アイ ティシ
メノウ	héqiq ヘキック	玉	qash téshi カシ ティシ

ئەقىل ھىكمەت قايسى تىلدا بولسا ھىكمەتتۇر،
گۆھەر قايسى ساندۇقتا بولسا گۆھەردۇر.

Eqil hékmet qaysi tilda bolsa hékmettur,
göher qaysi sandoqta bolsa göherdur.

知恵はどんな言語であっても知恵だ、
宝石はどんな箱にあっても宝石である。

سابىت
Sabit (1883~)

133

外出⑤　病院について

doxturxana toghrisida

1. Men　aghrip　qaldim,　doxturxani-gha　baray.
メン　アギリップ　カルディム　ドフトゥルハニ　ガ　バ ラ イ
私(は)　病気(に)　なった、　病院-に　　行きたい。

【aqhri-maq(病気になる、痛む)】

2. Ichki késel-mu?　tashqi késel-mu?
イチキ ケィセル ム　タ シ キ ケィセル ム
内科　です-か?　　外科　　です-か?

【ichki(内の:ich(中)、-ki(～の))、késel(病気、病人)、tashqi(外の:tash(外)、-qi(の))】

3. Ichki késel-ge　körün-gili　keldim.
イチキ ケィセル ゲ　コェルュン ギリ　ケルディム
内科-に　　診てもらい-に　来ました。

【körün-mek(診てもらう、見える、現れる):kör-mek(見る)、-gili(～しに)】

4. Bügün　néme　boldi?
ブュグュン　ネィメ　ボルディ
今日(は)　どう　なさいましたか?

5. Doxtur,　mijezim　yoq.
ドフトゥル　ミジェズィム　ヨック
先生、　　具合(が)　悪いです。

【doxtur(医師、先生)、mijez(気立て、具合、性格)】

6. Béshim　aghrip　toxtimaywatidu.
ベィシム　アギリップ　トフティマイワティドゥ
頭(が)　痛くて　とまらないのです。
　　　　(痛みがとまらない)

【bash(頭)、toxti-maq(とまる)】

7. Qizitmingiz　bar-mu?
キズィトミインギィズ　バ ル ム
熱(は)　　　あります-か?

【qizitma(高熱)、qizi-maq(熱くなる、激しくなる、興奮する)】

8. Qizitmam bar,　béshim-mu qéyiwatidu.
キズィトマム バル　ベィシム ム ゲィイワティドゥ
熱(は)　あります、頭-も　　ふらつきます。

【qay-maq(目がくらむ、目まいがする)】

9. Okul　salimiz,
オクル　サリミズ
注射(を)　打ちます(私達)、

【okul(針)、sal-maq(打つ)、andin(それから)、qan(血)、bésim(圧力)、ölchi-mek(測る)】

andin　qan bésim-ni-mu ölcheymiz.
アンディン　カン ベィスィム ニ ム オェルチェイミズ
それから　血圧-も　　　測ります(私達)。

10. Yaxshi bolup qaldingiz-mu?
ヤフシ　ボルップ カルディンギイズ　ム
元気（に）なりました　　　　-か？

【qal-maq（残す、置く：補助動詞で結果を示す（～した）】

11. Közingiz-ni asrang,
コェズィンギイズ ニ　　アスラン
目-を　　　　　　　大事にして、

【köz（目）、asri-maq（大事にする、保護する）、kesh（夜）】

kéchisi kitab-ni körmeng.
ケィチシ　キタップ ニ　　コェルメン
夜（は）　本-を　　　　見ないように。

12. Charchap, qan bésimingiz chüshüp kétiptu.
チャルチャプ　カン ベィスィミンギイズ　チュ シュブ　ケィティプトゥ
疲れて、　　血圧（が）　　　　　下がって　しまいました。

【charchi-maq（疲れる）、chüsh-mek（下がる）】

13. Kéchi-de közüm yahshi körmeydu.
ケィチ デ　コェズュム　ヤフシ　コェルメイドゥ
夜-は　　私の目（が）　よく　見えません。
（-に）

【kör-mek（見る、みなす、思う、～してみる）】

14. Mé-ning qulughum azraq anglimaydu.
メィ ニン　クルグ ム　アズラック　アンギリマイドゥ
私-の　　　耳（が）　　少し　　聞こえません。

【qulaq（耳）、angli-maq（聞く、聞こえる）】

15. Ten saqliq bek muhim.
テン サクリック　　　ベック　ムヒム
健康であること（は）とても　大事です。

【ten（体）、saqliq（健康）、muhim（重要）】

16. Salamet bolung.
サラメット　　　　ボルン
お元気（に）　　　なさってください。
（お大事に）

【salamet（平安、健康、無事）】

＜単語　xamsöz ＞

aqhri-maq	病気になる、痛む	toxti-maq	とまる	ölchi-mek	測る
ichki	内の	qizitma	高熱	qal-maq	残す、置く
ich	中	qizi-maq	熱くなる、		（補助動詞の場合：～した）
késel	病気、病人		激しくなる、興奮する	asri-maq	大事にする、保護する
tashqi	外の	qay-maq	目がくらむ、	charchi-maq	疲れる
tash	外		目まいがする	chüsh-mek	下がる
körün-mek	診てもらう、	okul	針	kör-mek	見る、みなす
	見える、現れる	sal-maq	打つ	qulaq	耳
doxtur	医師、先生	andin	それから	ten	体
mijez	気立て、具合、性格	qan	血	saqliq	健康
bash	頭	bésim	圧力	muhim	重要

135

＜関連単語（munasiwetlik xamsöz）＞

bölüm ボェリュム	部分、科	nérwa ajizliq ネルワ アジズリック	神経衰弱
köz bölümi コェズ ボェリュミ	眼科	diabét késili ディアベット ケイスィリ	糖尿病
tére késel bölümi ティレ ケイセル ボェリュミ	皮膚科	sunuq スヌック	骨折
tére ティレ	皮膚	ösme オェスメ	腫瘍
besh eza bölümi ベシ エザ ボェリュミ	耳鼻科	béli chim bolush ベイリ チム ボルシュ	ぎっくり腰
eza エザ	器官、組織	yuquri qan bésimi ユクリ カン ベイスィミ	高血圧
söngek bölümi ソェンゲク ボェリュミ	整形外科	töwen qan bésimi トェウェン カン ベイスィミ	低血圧
kespiy doxturxana ケスビイ ドフトゥルハナ	専門病院	sémizlik セイミズリッキ	肥満
balilar bölümi バリラル ボェリュミ	小児科	salametlik tekshürüsh サラメットリッキ テクシュルシ	健康診断
ayallar bölümi アヤルラル ボェリュミ	婦人科	tekshür-mek テクシュル - メック	調査する、診断する
chish doxturxanisi チシ ドフトゥルハニスィ	歯科医院	tughut トゥグット	出産
chish bölümi チシ ボェリュミ	歯科	hamildar ハミルダル	妊婦
rohiy késellikler bölümi ロヒイ キセルリックレル ボェリュミ	精神科	séstra セイスティラ	看護師
zukam ズカム	風邪	késel ケイセル	患者
rak ラック	がん	doriger ドリゲル	薬剤師
qan késel bölümi カン ケイセル ボェリュミ	血液病	dézinféksiye ディズィンフィキスィイェ	消毒
yuqumluq késel ユクムルック ケイセル	感染病、伝染病	opératsiye オペイラットスィイェ	手術
rématizim レィマティズィム	関節病	okul オクル	注射
yürek késili ユレク ケイスィリ	心臓病	dawali-maq ダワリ - マック	治療する
öpke yallughi オェブケ ヤッルギ	肺炎	asma okul アスマ オクル	点滴
kanay yallughi カナイ ヤッルギ	器官支炎	narkoz qilish ナルコズ キリシ	麻酔すること
ziqqa késili ズィッカ ケイスィリ	喘息	saqay-maq サカイ - マック	治る
öt téshi késili オェット ティシ ケイスィリ	胆石	aldini al-maq アルディニ アル - マック	予防する

tugh-maq トゥグ・マック	産む	dimaq püt-mek ディマク プット・メック	鼻づまり
érsiyet エィスィイェット	遺伝	biaram bol-maq ビアラム ボル・マック	気分が悪くなる
yötel ヨテル	咳	ichi élish-maq イチ エィリシ・マック	吐き気がする
sezgürlük késili セズグュルリック ケイスィリ	アレルギー	uyqu bas-maq ウイク バス・マック	眠気がする
bash aghriqi バシ アグリキ	頭痛	burundin su aq-maq ブルンディン ス アク・マック	鼻水が出る
qorsaq aghriqi コルサック アグリキ	腹痛	ishtihasi yaxshi emes イシティハシ ヤフシ エメス	食欲不振
terli-mek テルリ・メック	汗が出る	beden jansizlan-maq ベデン ジャンスィズラン・マック	倦怠感

bash qéyish バシ ケィイシ	めまい	shölgey ショエルゲイ	つば	eswe エスウェ	発疹
ishshiq イッシック	腫れ	süydük スュイドゥク	尿	chish aghrish チシ アクリシ	歯痛
palech パレチ	麻痺	chong teret チョンギ テレット	大便	dora ich-mek ドラ エィチ・メック	薬を飲む
chüshkürüsh チュシクュルシ	くしゃみ	qewziyet ケウズィイェット	便秘	tamaqtin burun タマクティン ブルン	食前
qus-maq クス・マック	吐く	qorsaq sürüsh コルサック スュルシ	下痢	tamaqtin kéyin タマクティン ケイイン	食後
qichishish キチシシ	かゆい	soghuq titresh サグク ティットレシ	悪寒	qan tipi カン ティビ	血液型
tükürük トゥクュルック	痰	uyushush ウュシュシ	痺れ	tomur トムル	脈、血管

ئىنسان گوياكى بىر كاندۇر ، بۇ كاننىڭ گۆھرى سۆزدۇر .
ئادەم بىر باغدۇر ، بۇ باغنىڭ مېۋىسى سۆزدۇر .

Insan goyaki bir kandur, bu kanning göhiri sözdur.
Adem bir baghdur, bu baghning méwisi sözdur.

人間はまるで一つの鉱山であり、この鉱山の宝は言葉である。
人は花園であり、その花園の実は言葉である。

ئىمىر ھۆسەيىن سەبۇرى
Imir Höseyin Seburi (1900-1985)

137

pasport, kimlik kinishka, resmiyet toghrisida

旅行移動① パスポート・身分証明書・手続き

1. **Chégra-gha kirish   resmiyitingiz-ni   öteng.**
チェイグラ　ガ　キリシ　レスミイティンギイズ　ニ　オェテン
入国　　　　　　　　　手続き-を　　　　　行ってください。

【chégra（国境）、kir-mek（入る）、resmiyet（手続き）、öti-mek（受ける）】

2. **Pasportingiz-ni   körsiting.**
パスポルティンギイズ　ニ　コェルスュトュン
パスポート-を　　　　見せてください。

【pasport（パスポート）、körset-mek（見せる、示す）】

3. **Kimlik kinishki-ni-mu   körsiting.**
キンリッキ　ケィニシキ　ニ　ム　コェルスィティン
身分証明書-も　　　　　　見せてください。

【kimlik kinishka（身分証明書）】

4. **Qanche uzun   turisiz?**
カンチェ　ウズン　　トゥリスィズ
どの　　　ぐらい（長い）滞在しますか?

【uzun（長い）、tur-maq（立つ、滞在する）】

5. **Ikki hepte turimen.**
イッキ　ヘップテ　トゥリメン
二　　　週間　　滞在します。

6. **Yaponiye-ge kélish-tiki meqsitingiz néme?**
ヤポニイェ　ゲ　ケィリシ　ティキ　メクスィティンギイズ　ネィメ
日本-へ　　　来る（-の）　目的（は）　　何ですか?

【kel-mek（来る）、-tiki（～の）、meqset（目的）】

7. **Sayahet qilish üchün.**
サヤヘット　キリシ　ウュチュン
観光　　　する　　ためです。

【sayahet（旅、来る）、qil-maq（する）、üchün（～のため）】

8. **Resmiyitingiz   tügidi.**
レスミイティンギイズ　トュギディ
手続き（は）　　　　終わりました。

【resmiyet（手続き、見かけ）、tügi-mek（終わる）】

9. **Köp rehmet,   bu   mé-ning**
コェプ レフメット　ブ　　メィ　ニン
大変感謝します、　これ（は）　私-の

yaponiye-diki tunji   sayahétim bolidu.
ヤポニイェ　ディキ　トゥンジ　サヤヒティム　ボリドゥ
日本-での　　　　初めて（の）旅（に）　　なります。

【tunji（初めて）】

138

10. Sayahétingiz   köngüllük   bolsun.
サヤヒティンギイズ　　コェンギュルルック　　ボルスン
あなたの旅（が）　　楽しく　　なりますように。

【köngül（心、気持ち）、köngüllük（愉快な、楽しい）、-sun（3人称に対する希望）】

11. Aldi bilen   méhmanxani-gha   bérip,
アルディ ビレン　　メィフマンハニ　ガ　　ベィリプ
まず　　ホテル-に　　行って、

andin   arshang-gha   barimen.
アンディン　　アルシャン ガ　　バリメン
そのあと　　温泉-に　　行きます。

【aldi（前、先頭、トップ）、aldi bilen（まず）、méhmanxana（ホテル）、andin（引き続き、あとで）、arshang（温泉）】

＜単語　xamsöz ＞

chégra	国境	üchün	〜のため
resmiyet	手続き	tügi-mek	終わる
öti-mek	受ける	tunji	初めて
pasport	パスポート	köngüllük	愉快な、楽しい
kimlik kinishka	身分証明書	aldi	前、先頭、トップ
uzun	長い	aldi bilen	まず 慣用表現
tur-maq	立つ、滞在する	méhmanxana	ホテル
meqset	目的	arshang	温泉
sayahet	旅、来る		

＜関連単語（munasiwetlik xamsöz）＞

tizimlitish ティズィムリティシ	チェックイン、登録すること	yük ユク	荷物	bir qur / bir ret ビル クル ／ ビル レット	一列、一行
öt-mek オェッ-メック	渡る、通る	somka ソムカ	バック、キャリーバック	tertip boyiche テルティプ	順番通りに
bixeterlik tekshürüsh ビヘテルリック テクシュルシ	セキュリティーチェック			nöwet ノェウェット	順番

qatnash qoralliri toghrisida

旅行移動② **移動手段について**

---

1. **Bu yer   xelqara-liq   ayrodrom.**
   ブ イェル　ヘル カ ラリック　アイロドロン
   ここ（は）　国際（-の）　　空港です。

   Chiqish éghizi toqsan birinchi   nomur.
   チ キ シ エィギズィ　トックサン ビ リ ン チ　ノ ム ル
   搭乗口（は）　　（第）9　　1　　番です。

   【xelqara（国際、xelqara-liq 国際の）、ayropilan（飛行機）、ayrodrom（空港、飛行場）、chiq-maq（乗る、登る、出る）、éghiz（口、入口）】

2. **Bélet-ni   tekshürimiz.**
   ベィレット ニ　テクシュリミズ
   チケット-を　拝見いたします。

   【tekshür-mek（調べる）】

3. **Bu ayropilan uchidighan-gha az qaldi.**
   ブ　アイロビラン　ウチディガン　ガ　アズ　カルディ
   この 飛行機（の）　離陸-まで　　あと 少しです。

   【ayropilan（飛行機）、uch-maq（飛ぶ）、az（少し、わずか）、qal-maq（残る）】

4. **Bixeter tasmisi-ni   taqang.**
   ビ ヘ テル　タスミスィ ニ　タ カ ン
   安全　　シートベルト-を　お締めください。

   【bixeter（安全）、tasma（ベルト）、taqi-maq（締める）】

5. **Ayropilan-da tamaka chékish cheklinidu.**
   アイロビラン ダ　タ マ カ チェィキシ　チェクリニドゥ
   飛行機-で　　喫煙（は）　　　禁じられています。

   【tamaka（たばこ）、chek-mek（吸う）、chekli-mek（制限する、限る）、chekle-n-（制限される、禁じられる）】

6. **Qanchi-de barimiz?**
   カンチ デ　バリミズ
   何時頃-に　着きますか？

   【qanche（いくつ、いくら、何）、bar-maq（行く、着く）】

7. **Yene ottuz minut-tin kéyin barimiz.**
   イェネ　オットゥズ　ミノットティン　ケィイン　バリミズ
   あと　30　　分　　　　後（に）　着きます。

   【kéyin（後）】

8. **Ayropilan qonidu.**
   アイロビラン　コニドゥ
   飛行機（は）　着陸します。

   【qon-maq（降りる、泊まる）】

9. **Taksi-gha chiqamduq?**
   タクシ ガ　チカムドゥク
   タクシー-に　乗りましょうか？（私達）

   【taksi（タクシー）】

---

10. Poyiz béket-kiche apirip qoyamsiz?
ポイズ　ベイケット キチェ　アビリブ　コヤムスィズ

電車（の）駅-まで　　送って　　くれますか？

【poyiz（電車）、béket（駅）、-kiche（まで）、apar-maq（連れていく）】

11. Osaka-gha Shinkansen-de barimen.
オサカ　ガ　シンカンセン デ　バリメン

大阪-へ　　新幹線-で　　　行きます。

12. Kechlik aptobus-da baray.
ケチリッキ　アプトブスダ　バライ

夜行　　バス-で　　　行こう。

【kech（夜、kechlik夜の）、aptobus（バス）】

13. Poyiz-ning ay-liq béliti qanche?
ポイズ　ニン　アイリック ベィリティ　カンチェ

電車-の　　定期券（は）　いくらですか？

【ay（月、ay-liq月の）、bélet（チケット）】

14. Bir ay-liq bélet heqqi yigirme ming yen.
ビル アイリック ベィレット ヘッキ　イギルメ　ミン　イェン

1ヶ月-の　定期券 料金（は）2　　　万　　円です。

【heq（料金、費用、借り）】

15. Asta poyiz-gha chiqay.
アスタ ボイズ ガ　　チカイ

普通 列車-に　　乗ろう

【asta（遅く、ゆっくり）】

16. Paraxot bilen besh künlük sayahet qilayli.
パラホット ビレン ベ シ クュンルュク サヤヘット クライリ

船　　で　　5　日間（の）旅（を）しましょう。

【künlük（1日の、〜日間の）】

< 単語　xamsöz >

xelqara-liq	国際の	chekli-mek	制限する、限る
ayrodrom	空港、飛行場	chekle-n-bar-maq	制限される、禁じられる
chiq-maq	乗る、登る、出る		行く、着く
éghiz	口、入口	qon-maq	降りる、泊まる
tekshür-mek	調べる	taksi	タクシー
ayropilan	飛行機	apar-maq	連れていく
uch-maq	飛ぶ	kechlik	夜の
bixeter	安全	aptobus	バス
tasma	ベルト	ay	月
taqi-maq	締める	asta	遅く、ゆっくり
tamaka	たばこ	künlük	1日の、〜日間の
chek-mek	吸う		

＜関連単語＞（munasiwetlik xamsöz）

dölet ichi ドェウレット イチ	国内線	bir yol ビル ヨル	片道
tik uchar ティク ウチャル	ヘリコプター	bérish-kélish yol ベイリシ・ケイリシ ヨル	往復
heydesh ヘイデシ	運転	waqit jedwili ワキット ジェドウィリ	時刻表
lükchük ルュクチュク	パイロット	sürüshturush orni スュルュシトゥルシュ オルニ	案内所 お問い合わせ窓口
ayropilan mulazimetchisi アイロピラン ムラズィメットチシ	客室乗務員	köwrük コェウロック	橋
ayropilan bélet アイロピラン ビレット	航空券	bash béket バシ ベイケット	始発駅
ispat qeghizi イスパット ケギズィ	証明書	axirqi béket アヒルキ ベイケット	終点
qatnash カットナシ	交通	almishish アルミシシ	乗り換え
signal chiraq スィギナル チラク	信号	toxtash トフタシ	停車
körsetme コェルセットメ	標識	adettiki poyiz アデッティキ ボイズ	普通列車
may qachilash マイ カチラシ	給油	alahide téz poyiz アラヒデ ティズ ボイズ	特急
may qachilash orni マイ カチラシ オルニ	ガソリンスタンド	téz poyiz ティズ ボイズ	急行
ijare mashina イジャレ マシナ	レンタカー	tamaka cheklengen orun タマカ チェクレンゲン オルン	禁煙席
garajh (garazh) ガラジ	駐車場	karwatliq poyiz カルワットリック ボイズ	寝台列車
yuqiri süretlik yol ユクリ スュレットリッキ ヨル	高速道路	métro メィトロ	地下鉄
qatnash tosulush カットナシ トスルシ	渋滞	shopursiz poyiz ショプルスィズ ボイズ	無人電車
aptobus béket アプトブス ベイケット	バス停	qolwaq コルワック	ボート
taksi shopuri タクスィ ショプリ	タクシー運転手	port ボルト	港
poyiz istansisi ボイズ イスタニスィ	鉄道の駅	paraxot パラホット	船
poyiz yol ボイズ ヨル	踏み切り	yük paraxoti ユク パラホティ	貨物船
yoluchi ヨルチ	乗客	motosiklit モトスィクリット	オートバイ
béket xizmetchisi ベイケット ヒズメットチスィ	駅員	wélsipit ウェィルスィピット	自転車
bélet heqqi ベイレット ヘッキ	乗車運賃		

旅行移動③ ホテル・観光について

1. Bu　méhmanxani-da　bosh　　yataq　bar-mu?
ブ　メィフマンハニ　ダ　ボシュ　　ヤタック　バルム
この　ホテル-で　　　空いている　部屋（は）　あります-か？

【méhmanxana（ホテル、旅館）、méhman（客）、bosh（空）、yataq（部屋、家）】

2. Qanche kishi-lik　yataq　kérek?
カンチェ キ シリッキ　ヤタック　ケィレク
何　　人-の　　　部屋（が）　必要ですか？

【kérek（必要）】

3. Bir kishi-lik　yataq　bolsa　　bolidu.
ビル キ シリッキ　ヤタク　ボルサ　　ボリドゥ
1人-の　　　　部屋　　であれば　よいです。

4. Ikki kéche　békitey　　　dégen idim.
イッキ ケィチェ　ベィキテイ　　ティゲン イティム
2　泊　　予約しよう（と）　思います。

【kéche（夜、泊）、békit-mek（決める、予約する）】

5. Aldin'ala　békittingiz-mu?
アルディン'アラ　ベィキッティンギイズ ム
事前（に）　予約されました-か？

【aldin'ala（事前）、tizimli-maq（登録する）、tizimlitish orni（受付、登録所）、resmiyet（手続き、見かけ）、öt-mek（通る、行う）】

Tizimlitish orni-da　resmiyet-ni　öteng.
ティズィムリティシ オルニ　ダ　レスミイェット ニ　オェテン
受付-で　　　　　　手続き-を　　行ってください。

6. Mana　bu　üch yüz toqquz-inchi　nomur-luq　yataq-ning　achquchi.
マ　ナ　ブ　ウュチ ユズ トッコズ インチ　ノ ム ル ルック　ヤタック ニン　ア チ ク チ
これ（は）　　　（第）309　　　号　　　室-の　　　鍵です。

【mana bu（これ:目の前のものを指していうときに使う）、-inchi（数字に付けて何番目と表現する）、nomur（番号）、-luq（～の）、yataq（室）、achquch（鍵）】

7. Yaxshi　aram　　éling.
ヤ フ シ　ア ラ ム　エィリン
よく　　休んで　ください。

【aram（休み、休憩）、al-maq（取る:élingは狭母音化した形）、aram al-maq（休む、休憩を取る）】

8. Bu　etrap-ta　sayahet orni　bar-mu?
ブ　エトラップ タ　サ ヤ ヘット オルニ　バル ム
この　近く-に　観光地（は）　あります-か？

【etrap（付近、近く）、orun（場所、地、エリア）、sayahet orni（観光地）】

9. **Dangliq muzéy bu yer-ge bek yéqin.**
ダンリック ムゼイイ ブ イェルゲ ベック イェイクン
有名な 博物館（は） ここ-に とても 近いです。

【dangliq（有名な）、muzéy（博物館）】

10. **Sayahet guruppisi-gha qatnishamsiz?**
サヤヘット グルッピスィ ガ カットニシャムスィズ
観光 団体-に 参加しますか？

【guruppa（団体）、qatnash-maq（参加する）】

11. **Resim tartsingiz-mu bolidu.**
レスィム タルトスィンギイズ ム ボリドゥ
写真 撮って-も いいですよ。

【resim（写真）、tart-maq（撮る）、-si-ngiz（sa+人称接辞：〜ても）】

12. **Bu yer-ning menzirisi bek güzel iken.**
ブ イェルニン メンズィリスィ ベック グュゼル イケン
ここ-の 景色（は） とても 美しい ですね。

＜単語　xamsöz ＞

méhman	客	orun	場所、地、エリア
bosh	空	sayahet orni	観光地
yataq	部屋、家	dangliq	有名な
kéche	夜、泊	muzéy	博物館
békit-mek	決める、予約する	guruppa	団体
aldin'ala	事前	resim	写真
tizimli-maq	登録する	tart-maq	撮る
tizimlitish orni	受付、登録所	menzire	景色
achquch	鍵	güzel	美しい

著名ウイグル人の名言集⑳

ياشلىق ئادەمنىڭ زىلۋا بىر چېغى،
تولىمۇ قىسقا ئۇنىڭ ئۆمرى بىراق.
يىرتىلسا كالېندارنىڭ بىر ۋارىقى،
ياشلىق گۈلىدىن تۆكۈلىدۇ بىر يۇپۇرماق.

Yashliq ademning zilwa bir chéghi,
Tolimu qisqa uning ömri biraq,
Yirtilsa kaléndarning bir wariqi,
Yashliq gülidin tökülidu bir yupurmaq.

青春は美しく
その時は短い。
カレンダーが破かれるたびに、
その花びらがひとひら落ちる。

لۇتپۇللا مۇتەللىپ
Lutpulla Mutellip (1922-1945)

144

＜関連単語＞（munasiwetlik xamsöz）

sayahetchi サヤヘットチ	観光客	asare etiqe アサレ エティケ	遺跡
sayahet rayoni サヤヘット ラヨニ	観光地域	tagh タグ	山
qollanma コッランマ	パンフレット	yaylaq ヤイラック	草原
sowghat ソウガット	お土産	tebi'iy menzire テビイ メンズィレ	自然風景
ziyapet ズィヤペット	宴会	aral アラル	島
kolliktip sayahet コッレイクティブ サヤヘット	団体ツアー	qumluq クムルック	砂漠
qon-maq コン - マック	泊まる	tüzlenglik トゥズレンギリッキ	平野
yat-maq ヤット - マック	寝る、泊まる	oymanliq オイマンリック	盆地
bélet sétish orni ベィレット セィティシ オルニ	切符売り場	déngiz ディンギズ	海
wiwiska ウィウィスカ	看板	déngiz boghuzi ディンギズ ボグズィ	海峡
belge ベルゲ	表示、印、看板	qirghaq キルガック	海岸
jiddiy chiqish éghizi ジッディ チキシ エィギズィ	非常口	qoltuq コルトゥック	湾
kirish béliti キリシ ベィリティ	入場券	derya デルヤ	川
emeldin qaldur-maq エメルディン カルドゥル - マック	キャンセルする	sharqiratma シャキラットマ	滝
pen-téxnika sariyi ペン - ティフニカ サリイ	科学館	köl コェル	湖
körgezme コェルゲズメ	展示会	kölchek コェルチェク	池
resim-sen'et muzéy レスィム - センエット ムゼィイ	美術館	bulaq ブラック	泉
tarixi muzéy タリヒ ムゼィイ	歴史館	ormanliq オルマンリック	森林
paytext パイテヒト	首都	apparat アッパラット	カメラ
sheher シェヘル	都市	filim フィリム	フィルム
ming öy ミン オイ	千仏洞	süret tart-maq スュレット タルト - マック	撮影する
qedimqi sheher ケディムキ シェヘル	古都、古城	foto-süret フォト - スュレット	写真
kona meschit コナ メスチット	古いモスク	eslime エッスリーメ	思い出

145

旅行移動④ 道を尋ねる・助けを求める

1. **Kinoxani-gha qandaq barsaq bolidu?**
キノ ハ ニ　ガ　　カンダック　バルサック　ボリドゥ
映画館-へ　　　どう　　　行けば　　いいですか?
【kinoxana（映画館）、-sa-q（すれば：sa＋人称接辞）】

2. **Yol-din ézip qaldim.**
ヨル ディン　エィズィプ　カルディム
道-に　　迷って　しまいました。
【az-maq（迷う、失う：狭母音化）、qal-maq（補助動詞、～してしまう）】

3. **Yol-ni soray dégentim, waqtingiz bar-mu?**
ヨル ニ　ソライ　　　　ディゲンティム　　ワクティンギイズ　バル ム
道-を　尋ねたい（と）思います（が）、お時間（は）あります-か?
【sori-maq（聞く、尋ねる）】

4. **Doxturxani-gha baray dégen.**
ドフトゥルハ ニ　ガ　　バライ　　ディゲン
病院-へ　　　　　行こう（と）思います。
【dohturxana（病院）】

5. **Bu yer-din bek-mu yiraq emes.**
ブ イェルディン　ベック ム　イラック　エメス
ここ-から　　そんな-に 遠く　ありません。
【bekmu（副詞、そんなに、それほど）、yiraq（遠い）】

6. **Awu qizil chiraq-tin sol-gha burulung.**
ア ウ キズィル　チラックティン　ソル ガ　ブルルン
あの 赤　信号-で　　　左-に　　曲がってください。
【qizil（赤）、chiraq（灯、信号）、sol（左）、burul-maq（曲がる、振り向く）】

7. **Ürümchi sheher-lik on yettinchi ottura mektep qeyer-de?**
ウュルュムチ　シェヘルリッキ　オン イェッティンチ　オットゥラ メクテップ　ケィエル デ
ウルムチ　市-立　　　第17　　　中学校（は）　　　どこです-か?

8. **Baghchi-ni boylap, udul mangsingiz, mektep-ke barisiz.**
バ グ チ ニ　ボイラップ　ウドゥル　マンスィンギイズ　メクテップ ケ　バリスィズ
公園-に　　沿って、まっすぐ 行けば、　学校-に　　　着きます。
【baghche（公園）、boyli-maq（沿う）、udul（まっすぐ）、mang-maq（歩く、行く）】

9. **Aware qildim, siz-ge rehmet.**
アワレ　キルディム　　スィズ ゲ　レフメット
お手数 かけました、あなた-に 感謝します。
【aware（面倒、手をかける）】

10. Karidor-din ong terep-ke burulsingiz, dorixana sol terep-te bar.
カリドル ディン　オンギ テレップ ケ　ブルリスィンギイズ　ドリハナ　ソル テレップ テ　バル

廊下-から　右側-に　曲がる（と）、　薬局（は）　左側-に　あります。
（を）

【karidor（廊下）、ong（右）、dorixana（薬屋、薬局）】

---

11. Bu yer-din Kiyomizu butxanisi-gha bérish üchün,
ブ イェルディン　キ ヨ ミ ズ　ブットハニスィ ガ　ベィリシ ウュチュン

ここ-から　清水　寺-に　行く　ために、

【butxana（寺、神社）、
üchün（ために）、
chiq-maq（乗る、登る）】

qanchinchi aptobus-qa chiqsam bolidu?
カ ン チ ン チ　アプトブス カ　チックサム　ボリドゥ

何番（の）　バス-に　乗れば　良いですか？

---

12. Bir yüz birinchi nomur-luq aptobus-ga chiqip,
ビル ユズ ビ リ ン チ　ノ ム ル ルック　アプトブス カ　チキップ

101　番-の　バス-に　乗って、

【nomur-luq（番号-の）、
chüsh-mek（下りる、乗る、
垂れる、行く、立つ）】

Kiyomizumichi békiti-de chüshüng.
キ ヨ ミ ズ ミ チ　ベィキティ デ　チュ シュ ン

「清水道」　駅-で　降りてください。

< 単語　xamsöz >

kinoxana	映画館	sol	左	karidor	廊下
az-maq	迷う、失う	burul-maq	曲がる、振り向く	ong	右
dohturxana	病院	baghche	公園	dorixana	薬屋、薬局
yiraq	遠い	boyli-maq	沿う	butxana	寺、神社
qizil	赤	udul	まっすぐ	nomur-luq	番号 - の
chiraq	灯、信号	mang-maq	歩く、行く		

< 関連単語 （munasiwetlik xamsöz） >

orun オルン	位置	ich イチ	内	ikki terep イッキ テレプ	両側	ast アスティ	下
sheriq シェリック	東	sirt スィルティ	外	merkez メルケズ	中心	yuquri ユキリ	上位
gherip ゲリップ	西	yan ヤン	横	yantu ヤントゥ	斜め	töwen トェウェン	下位
jenub ジェヌブ	南	aldi アルディ	前	üst ウュスティ	上	yan ヤン	そば
shimal シマル	北	keyn/（keyni）ケイニ	後ろ	ottura オットゥラ	真ん中	qarmu-qarshi terep カルム - カルシ テレプ	反対側

147

nersilerni untush, yüttürüshtek awarchiliq toghrisida

旅行移動⑤ 忘れ物、遺失物などのトラブル

1. **Yataq-ning achquchi-ni yüttürüp qoydum.**
ヤタック ニン アチクチ ニ ユットゥルップ コイドゥム
部屋-の　　　鍵-を　　　　なくして　しまいました。

【yataq（宿舎、部屋）、achquch（鍵）、yüttür-mek（無くす）】

2. **Yüklirim yoq turdu.**
ユクリリム ヨック トゥルドゥ
荷物（が）　ありません。

【yük（荷物）、-lirはlerの狭母音化、yoq（ない）、tur-maq（居る、存在する、立つ）】

3. **Bu mé-ning nersem emes.**
ブ　　　　ミィ ニン　ネルセム　エメス
これ（は）　私-の　　もの　　ではありません。

【nerse（物）】

4. **Aq somkam-ni kördingiz-mu?**
アック ソム カム ニ　コェルディンギイズ ム
白い　鞄-を　　　見ました-か？

【aq（白い、白）、somka（かばん）】

5. **Ichi-de néme bar idi?**
イチ デ　ネィメ　バル イティ
中-には　何（が）　入っていましたか？

6. **Hemyan bilen pasport bar idi.**
ヘムヤン ビレン パスポルト　　　バル イティ
財布　　　と　　　パスポート（が）　入っていました。

【hemyan/portman（財布）、pasport（パスポート）】

7. **Derhal saqchi-gha xewer qilayli.**
デルハル サックチ ガ　ヘウェル クライリ
すぐに　警察-に　　　　連絡しましょう。

【derhal（すぐに）、saqchi（警察）、xewer（情報）、xewer qil-maq（連絡する、通報する）】

8. **Qol téléfonum-ni poyiz-da untup qaptimen.**
コル ティレィフォヌム ニ　ポイズ ダ ウントゥップ カプティメン
携帯-を　　　　　　電車-で　忘れて しまいました。
　　　　　　　　　　　（に）

【qol téléfon（携帯）untu-maq（忘れる）、untup qal-maq（忘れてしまう）、untul-maq（忘れられる）】

9. **Kiredit kart-ni chüshürüp qoydum,**
キレディット カルト ニ　チュシュルップ コイドゥム
クレジットカード-を　落として　　しまいました、

shirket bilen alaqilishay.
シルケット ビレン アラキリシャイ
会社　　　に　　　連絡しよう。

【kiredit kart, またはinawetlik kart（クレジットカード）、chüshür-mek（落とす）、shirket（会社）、alaqilash-maq（連絡する）】

10. Chüshürüp qoy-ghan nersiler-ni saqlash ishxanisi qeyerde?
チュシュルプ コイ ガン　ネルスィレルニ　サックラシ　イシハニスィ　ケィエルデ

落とした　　　　　　　物-を　　　保管する　事務所（は）　どこですか？

【chüshürüp qoy-maq（落として
しまう）、saqlash（保存、保管、保
留すること）、ishxana（事務室、作
業所、オフィス）】

11. Xéridar, némi-ni chüshürüp qoydingiz?
ヘィリダル　ネィミ　ニ　チュシュルプ コイディンギイズ

お客さん、　何-を　　落としたのですか？

【xéridar（お客さん）、
yaki（または、あるいは）、
oghri（泥棒）、oghrili-maq（盗む）、
oghriliwal-mak（盗まれる）】

yaki némingiz-ni oghriliwaldi?
ヤキ　ネィミンギイズ ニ　オグリリワルディ

それとも　（あなたの）何-か　盗まれましたか？

＜単語　xamsöz ＞

yüttür-mek	無くす	kiredit kart / inawetlik kart	クレジットカード
yük	荷物	chüshür-mek	落とす
nerse	物	chüshürüp qoy-maq	落としてしまう
aq	白い、白	alaqilash-maq	連絡する
somka	かばん	saqlash	保存、保管、保留すること
hemyan/portman	財布	ishxana	事務室、作業所、オフィス
saqchi	警察	xéridar	お客さん
xewer qil-maq	連絡する、通報する	oghri	泥棒
untu-maq	忘れる	oghrili-maq	盗む
untup qal-maq	忘れてしまう	oghriliwal-mak	盗まれる
untul-maq	忘れられる		

＜関連単語（munasiwetlik xamsöz）＞

saqchi idarisi サックチ イダリスィ	警察署	aldamchi アルダムチ	詐欺師	jinayetchi ジナイェットチ	犯罪者
tut-maq トゥット - マック	捕まる、つかむ	untu-maq ウントゥ - マック	忘れる	adwokat アドウォカット	弁護士
izdi-mek イズディ - メック	探す	palaket パラケット	不器用な、災難	türme トュルメ	刑務所
tap-maq タップ - マック	捜す	sot ソット	裁判所	yalghanchi ヤルガンチ	嘘つき

149

第 3 章

文法

現代ウイグル語の仕組みや文法について説明します。

〈詳細目次〉

151

文字と発音

現代ウイグル語の 32 文字中、母音にあたる文字は 8 個、子音にあたる文字は 24 個です。

母音

ئۇ	ئۇ	ئو	ئو	ئى	ئې	ئە	ئا
a	e	é	i	o	ö	u	ü

上段：アラビア式ウイグル文字

下段：ラテン式ウイグル文字

子音

ۋ	ژ	خ	چ	ج	ھ	غ	ك	ق	ف	ي	د	ز	ر	ل	م	ش	س	ت	ن
n	t	s	sh	m	l	b	p	r	z	d	y	f	q	k	g	ng	gh	h	j	ch	x	jh/zh	w

この中で q、gh、é、ö、ü、jh(zh)、h、r が日本語にはない発音です。

ウイグル語の母音と子音の発音一覧は第 2 章にあります。文字の発音に迷ったらそちら
も参照しながら読み進めるとよいでしょう。(➡ P.64 参照)

●アラビア式ウイグル文字一覧

	語尾形 右から続く	語中形 左右に続く	語頭形 左へ続く	独立形 続かない		語尾形 右から続く	語中形 左右に続く	語頭形 左へ続く	独立形 続かない
a	ﻞ (ﺎﺋ)			ﺍ ﺎﺋ	r	ﺮ			ﺭ
e	ﻪ (ﻪﺋ)			ﻩ ﻪﺋ	z	ﺰ			ﺯ
é	ﻲ (ﻲﺋ)	ﻴ (ﺒﺋ)	ﻳ ﻱﺋ	ﻱ ﻯﺋ	d	ﺪ	ﺪ	ﺩ	ﺩ
i	ﻰ (ﻰﺋ)	ﻴ (ﺌ)	ﻰ ﻯﺋ	ﻯ ﻯﺋ	y	ﻲ	ﻴ	ﻳ	ﻱ
o	ﻮ (ﻮﺋ)			ﻭ ﻭﺋ	f	ﻒ	ﻔ	ﻓ	ﻑ
ö	ﯜ (ﯜﺋ)			ﯙﺋ ﯙﺋ	q	ﻖ	ﻘ	ﻗ	ﻕ
u	ﯗ (ﯗﺋ)			ﯗ ﯗﺋ	k	ﻚ	ﻜ	ﻛ	ﻙ
ü	ﯛ (ﯛﺋ)			ﯚﺋ ﯚﺋ	g	ﮒ	ﮕ	ﮔ	ﮒ
n	ﻦ	ﻨ	ﻧ	ﻥ	ng	ﯓ	ﯔ	ﯖ	ﯕ
t	ﺖ	ﺘ	ﺗ	ﺕ	gh	ﻎ	ﻐ	ﻏ	ﻍ
s	ﺲ	ﺴ	ﺳ	ﺱ	h	ﻪ	ﻬ	ﻫ	ﻩ
sh	ﺶ	ﺸ	ﺷ	ﺵ	j	ﺞ	ﺠ	ﺟ	ﺝ
m	ﻢ	ﻤ	ﻣ	ﻡ	ch	ﭻ	ﭽ	ﭼ	ﭺ
l	ﻞ	ﻠ	ﻟ	ﻝ	x	ﺦ	ﺨ	ﺧ	ﺥ
b	ﺐ	ﺒ	ﺑ	ﺏ	jh/zh	ﮋ			ﮊ
p	ﭖ	ﭙ	ﭘ	ﭖ	w	ﯞ			ﯟ

右から左へ書かれるアラビア式ウイグル文字の基本は独立形。さらに、単語の中の位置によって、語頭形、語中形、
語尾形、(左へ続く、左右へ続く、右から続く) の 3 つの形を持つ文字があります。

＜発音の上で注意すべきところ＞

①母音調和

ウイグル語の母音は舌の位置と口の開き方で３種類に分かれます。a系母音とe系母音は対照的な母音で、a系には［a、o、u］が、e系には［e、ö、ü］があります。それ以外に［i、é］がありますので母音は３種類に分かれることになります。

a　o　u　**（陽性母音、奥舌母音）**：舌の奥の方で発音する系列 ………… a系	
e　ö　ü　**（陰性母音、中舌母音）**：舌の中ほどで発音する系列 ………… e系	
i　é　　**（中性母音、前舌母音）**：舌の前で発音する系列	

名詞や動詞に助詞や接辞が接続するときに、名詞や動詞が持つ母音系列に合わせて助詞や接辞の形が決まります。その現象を「母音調和」と言います。例えば、助詞の「〜に」を表すのは［-da/-ta/-de/-te］の４つの形がありますが、a系母音の語である［tagh（山）］に接続するときは４つの中から［-da］が選ばれて接続し、［tagh-da］となります。［yer（場所）］のように母音がe系母音の場合には［-de］が付いて［yer-de］となります。

例)　名詞　＋　-da/-ta/-de/-te（〜に）　←４つの中から母音に合わせて決定する

tagh　＋　-da　--------→　tagh-da（山に）
　　└──┘ a系母音　↑

yer　＋　-de　--------→　yer-de（場所に）
　　└──┘ e系母音　↑

このようないくつかの形を持つものは、［-da/-ta/-de/-te］の他にも、［-gha/-qa/-ge/-ke］、［-ghan/-qan/-gen/-ken］、［-ay/-ey］などがあります。

a系：qap-ta（箱に）	bash-qa（頭へ）	bar-ghan（行った）	bar-ay（行こう）
e系：töshük-te（穴に）	tégi-ge（底へ）	ter-gen（拾った）	tér-ey（拾おう）

［-ning（〜の）］のように一形しかない場合にはこのような選択はありません。

②子音調和

子音は有声音と無声音に大別することができます。

有声音： （鼻音・流音を含む）	n	m	l	b	r	z	d	y	g	ng	gh	j	jh (zh)	w
無声音：	t	s	sh	p	f	q	k	h	ch	x				

助詞・接辞・語尾は、接続する名詞・動詞の末尾音によって清音と濁音の２種類に

153

分かれるものがあります。例えば、「〜から」を表す助詞には［-din/-tin］の２種類があり、助詞の前の末尾音が有声音・鼻音・流音の場合には濁音の［-din］が、無声音の場合には清音の［-tin］が接続します。例えば、［shimal（北）］は［l］で終わっていますので、［shimal-din（北から）］となります。［bash（頭）］は［sh］という無声音で終わっていますので、［bash-tin（頭から）］となります。

例）　shimal　　＋　　-din　　┈┈┈＞　　shimal-din（北から）
　　　　　　　　└──── 有声音には濁音形 ────┘

　　　bash　　＋　　-tin　　┈┈┈＞　　bash-tin（頭から）
　　　　　　　　└──── 無声音には清音形 ────┘

このように２種類ある助詞・接辞は、以下のように使い分けられます。

> **有声音系：** shimal-da(北に)　shimal-gha(北へ)　shimal-din(北から)　muz-diki(氷の)
> **無声音系：** bash-ta(頭に)　　　bash-qa(頭へ)　　　bash-tin(頭から)　　sinip-tiki(教室の)

なお、母音で終わるものには有声音系の助詞・接辞・語尾が付きます。

③母音挿入

　子音終止語(子音で終わる語)と母音終止語(母音で終わる語)では、発音の習慣が少し異なります。子音終止語は［ayal（女）］のように［l］で終わる単語で、母音終止語は［möre（肩）］のように母音の［e］で終わる単語です。

　例えば、子音終止語の［ayal（女）］に［-m（私の）］という語尾をそのまま接続すると、［ayal-m］のように、［l］と［m］の子音が重なることになります。それでは発音しにくいので、子音と子音の間に母音が挿入されることがあります。これを「母音挿入」と呼びます。［ayal］の場合には、［ayal-i-m（私の妻）］のように子音の間に［i］が挿入されて発音しやすくなります。前の母音の性格によって［i、u、ü］のどれかが挿入されます。これらの母音を「挿入母音」と呼びます。

◇ 唇の調和

　前の語の母音が唇を丸めない母音の［a、e、i］の場合には、［i］が挿入されます。前の母音が唇を丸める母音［o、u］の場合には［u］が、［ö、ü］の場合には［ü］が挿入されます。

> ayal（女）　：ayal-i-m（私の妻）
> qoy（羊）　：qoy-u-m（私の羊）
> gösh（肉）　：gösh-ü-m（私の肉）

本書では「-im/-um/-üm」または「-(i/u/ü)m」のように表します。

　●名詞：母音で終わる場合 ┈┈┈ 母音は挿入されません。
　　［möre（肩）］なら、［-m］を直接接続させ、　möre-m（私の肩）　となります。

●動詞：語幹が子音で終わる場合 ……… [i]が挿入されます。

　　[bar-maq (行く)] に [-men] が接続するとき、 bar-i-men (私が行く) となります。

●動詞：語幹が母音で終わる場合 ……… [y]が挿入されます。

　　[oqu-maq (読む)] に [-men] が接続するとき、 oqu-y-men (私が読む) となります。

④狭母音化（母音弱化）

　[a]と[e]を含む単語は、後に[i]のような狭い母音が来ると、その影響で狭い母音になって、[é]や[i]に変化することがあります。[apa (母)] に人称語尾 [-ngiz (あなたの)] が接続すると、[apa-ngiz] ではなく、[apé-ngiz] になります。[-ngiz] の [i] 母音の影響で、[pa] の [a] が [é] に変化して [apé] となるのです。

　[tilek (願い)] に人称語尾 [-im (私の)] が接続すると、[tilek-im] ではなく、[tilik-im] となります。後の挿入母音 [i] の影響で[e]が狭い[i]に変化します。

⑤母音脱落（口語の場合によく見られます）

　単語に接辞類が接続して長い文節となると、母音が脱落して短くなることがあります。

　　isim （名前）：isim + im ⇒ ism-im （sの後のiが脱落：私の名前）
　　köngül （心）：köngül + üm ⇒ köngl-üm （ngの後のüが脱落：私の心）

⑥子音脱落

　話し言葉（口語）では、単語に接辞類が接続したとき子音が脱落することがあります。

　　al-maq （取る）：alsun （彼が取る、文章語）→ asun （彼が取る、口語）
　　bazar （市場）：bazar （文章語）　　　　→ baza （口語）

　[-gha/-qa/-ge/-ke] のように色々な形がある場合には、掲載する順番を決めておきます。本書では下の順番で表記します。

[　陽性母音濁音/陽性母音清音/陰性母音濁音/陰性母音清音]

[　　　-gha　　/　　-qa　　/　　-ge　　/　　-ke　　]

文法 (Girammatika)

ウイグル語の文法は日本語とかなり類似していますので、日本語話者には分かりやすいでしょう。ただし「人称語尾」という文法要素があり、これは日本語にはないため戸惑うかもしれません。

ウイグル語は名詞や動詞に助詞や接辞が接続したり、人称語尾が接続して長い文節が出てきますので、その構造が分からないことがあります。その文節がどのように構成されているのかを示すために、[-]で品詞を分けて、表示することがあります。

例えば[akamningki]を[aka-m-ning-ki]と表示すると、この文節の構成が分かります。つまり[aka（兄）]に[-m（私の）]が接続して[aka-m（私の兄）]となり、それに[-ning（の）]が続いて[aka-m-ning（私の兄の）]となり、その後に[ki（「もの」を意味する）]が接続して、[aka-m-ning-ki（私の-兄-の-もの）]となっていることが示せます。また、動詞の語幹の表記にも使うことがあります（➡ P.176「動詞 語幹」参照）。

●実際のウイグル語

① Men　Ürümchige　barimen.　　　（私はウルムチへ行きます。）
② Siz　Ürümchige　barisiz.　　　（あなたはウルムチへ行きます。）
③ Men　Ürümchige　barmaymen.　　（私はウルムチへ行きません。）

●本書

① Men　Ürümchi-ge　bar-i-men.
② Siz　Ürümchi-ge　bar-i-siz.
③ Men　Ürümchi-ge　bar-may-men.

[-]で品詞を分けて表記することで、文節の構成が分かりやすく学べる。

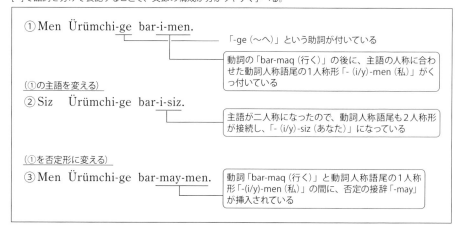

① Men　Ürümchi-ge　bar-i-men.

「-ge（〜へ）」という助詞が付いている

動詞の「bar-maq（行く）」の後に、主語の人称に合わせた動詞人称語尾の1人称形「-(i/y)-men（私）」がくっ付いている

（①の主語を変える）
② Siz　Ürümchi-ge　bar-i-siz.

主語が二人称になったので、動詞人称語尾も2人称形が接続し、「-(i/y)-siz（あなた）」になっている

（①を否定形に変える）
③ Men　Ürümchi-ge　bar-may-men.

動詞「bar-maq（行く）」と動詞人称語尾の1人称形「-(i/y)-men（私）」の間に、否定の接辞「-may」が挿入されている

語順 (Söz tertipi)

ウイグル語の語順はだいたい日本語と同じです。いわゆるSOV形式です。

| 名詞 | + | 助詞 | + | 目的語 | + | 助詞 | + | 動詞 | + | 接辞 |

の順番です。SOVとは主語 (Subject) + 目的語 (Object) + 動詞 (Verb) の順を表します。

例としては、 （主語）　　（目的語）　　（動詞）

Men　　**alma**　　**yeymen.**

私　　　　リンゴ　　　食べます。

　「名詞」は日本語と同じ性格なので説明は不要でしょう。「助詞」も日本語と形は異なりますが機能は同じです。「目的語」や「補語」の後に「助詞」が付くのも同じです。「動詞」も日本語とほぼ同じですが、日本語のように「活用」と呼ぶべき現象がありませんので、動詞の語幹部分は音変化を除いて変化しません。「接辞」というのは日本語の「助動詞」の役割をするもので、動詞の意味を補助するものです。この「接辞」も「活用」しません。「形容詞」も「副詞」も使い方はだいたい日本語と同じです。

　具体的な文型を次のページ「基本文型」で見ていきましょう。日本語訳に対して、それぞれ日本語にそれぞれウイグル語を当てはめていくとウイグル語文ができます。細かい点に違いはありますが、基本語順は同じであることがわかると思います。

著名ウイグル人の名言集㉑ VVVVVVVVVVVVVVVVVVVVVVVVVV

چاچ-ساقالنىڭ ئاقلىقى — تارىخ ئەسىرنىڭ ئۇلى،
كۆككە تاقاشقان بېشىم شۇ ۋەتەننىڭ سىمۋولى.

Chach-saqalning aqliqi – tarix esirning uli,
Kökke taqashqan béshim shu wetenning simwoli.

髪とひげの白さは、歴史と時代の基礎となる、
青空に突き当たった頭は、その祖国のシンボルである。

ئابدۇرېھىم ئۆتكۈر
Abduréhim Ötkör (1923-1995)

基本文型（Asasi jümle shekli）

◇「〜は〜です」の表現では、「は」「です」に相当する語は必要ではありません。

例） Men   mu'ellim.
　　 私は   先生です。

（「は」については
➡ P.168「格助詞①主格」参照）

◇「〜は〜します」の表現

例） Siz   Ürümchi-ge   bar-i-siz.
　　 あなたは   ウルムチ -へ   行きます。

*文末の[-siz]は人称接辞で「あなた」
　の行動であることを示します。（[-i-]
　は挿入母音）

　　 Men   kitab-ni   oqu-y-men.
　　 私は   本   -を   読みます。

*文末の[-men]は人称接辞で「私」
　の行動であることを示します。（[-y-]
　は挿入母音）

◇「〜は〜ではない」の表現

例） Men   mu'ellim   emes.
　　 私は   先生   ではありません。

*[emes]は「〜でない」という意味。

◇「〜は〜しません」の表現

例） Siz   Ürümchi-ge   bar-may-siz.
　　 あなたは   ウルムチ -へ   行きません。

*[may]は動詞の語幹に接続
　して否定する意味（〜しない）。

◇「〜は〜ですか?」の表現

例） U   mu'ellim-mu?
　　 彼は   先生です -か?

*[mu]は日本語の「〜か?」
　の意味の判断詞。

◇「〜は〜しますか?」の表現は動詞語幹の後に疑問語尾の **-am-/-em-** を付けます。

例） Siz   mektep-ke   bar-am-siz?
　　 あなたは   学校   -へ   行きますか?

◇疑問詞を使った疑問文もあり、その使い方はほぼ日本語と同じです。

例） Qachan   Ürümchi-ge   bar-i-siz?
　　 いつ   ウルムチ -へ   行きますか。

　　 Qeyerde   yaponchi-ni   ögin-i-siz?
　　 どこで   日本語   -を   学びますか?

*[ögen-mek（学ぶ）]は、
　[ügen-mek（学ぶ）]と綴ることも
　あります。

品詞 (Morfologiye) について

　ウイグル語の品詞は、日本語と同じように、独立詞と付属辞に分かれます。独立詞は独立して用いることができるもので、名詞、動詞、形容詞、副詞、接続詞、感嘆詞に分けられます。

　付属辞は独立詞に接続して用いられて、単独では用いられないものです。日本語では助詞、助動詞に当たるものです。ウイグル語でも、名詞に付くものと動詞に付くものがあります。名詞に付くものを日本語と同じように「助詞」と呼ぶことにします。動詞に接続するものは日本語では「助動詞」に当たりますが、日本語と違って活用しないので、「接辞」と呼ぶことにします。本書ではこれ以外に、存在詞、判断詞を設けています。判断詞は独立詞と付属辞の両方があります。

　また、ウイグル語は「〜です」「〜である」に当たる言葉を必要としませんので、名詞を並べるだけでも、以下のように文章が成立します。

　　　Men　oqughuchi.
　　　私は　　学生。

　また、[-dek/-tek（〜ような、〜ように）] は名詞に接続するので助詞ですが、「です」「である」が存在しないので、「名詞＋助詞」が文末に来ることがあります。例えば、

　　　U　　oqughuchi-dek.
　　　彼は　　学生の　　　　-よう（です）。

　　　Uning　　oghli　　aliy-mektep-te　　oqu-wat-qi-dek.
　　　彼の　　　息子は　　大学　　　　　-で　　勉強している -よう（です）。

　　　　　　　　　　　　　　　　　　　　　　　　＊[-qi-] は動詞を名詞化する小辞

のような文ですが、ここでは述語の働きをしています。これは助詞の用法とは異なりますので、「判断詞」の用法として説明してあります（➡ P.201参照）。

　日本語の口語でも「彼は学生のよう」「彼は行くよう」といった表現があるので、ウイグル語と似ていますね。

　ウイグル語が日本語と大きく異なるところは「人称語尾」があることです。これは事物や動作が誰のものであるかを示すもので、かなり面倒な文法要素です。まず、「人称語尾」から説明をします。

1 人称語尾 (Shexis türlügüchi qoshumchiliri)

　ウイグル語の「人称語尾」は、名詞に接続したときには、その名詞が誰の物・人であるかを表し、動詞に接続した場合にはその動作が誰の動作であるかを示します。これは日本語にはないため、ウイグル語を学ぶ時につまずきやすい文法要素です。非ネイティブが正確に使うことは難しいのですが、人称語尾を付けなくてもだいたいの意味は通じます。初めのうちは人称語尾がうっかり抜けてしまっても大丈夫。最終的に人称語尾を付けられるようになることを目指して、おりにふれ復習していきましょう。

　人称語尾は（1）「所有人称語尾」、（2）「動詞人称語尾」、（3）「過去・条件人称語尾」の3種類があります。

（1）所有人称語尾

　名詞の末尾に付いて、その名詞が誰のものであるかを示します。

		単数 (birlik shekil)	複数 (köplük shekil)
1人称	I shexis	-(i/u/ü)m	-(i/u/ü)miz
2人称	II shexis	-(i/u/ü)ng -(i/u/ü)ngiz	-(i/u/ü) nglar/ngler -(i/u/ü) ngizlar/ngizler
3人称	III shexis	-si/i	-si/i

　上の表の（　）の中の母音は名詞末音の種類によって、語尾との間に挿入される母音です。子音で終わる名詞に「人称語尾」をそのまま付けると、子音が重なり発音しにくくなるため、（　）の中の母音が挿入されます（➡ P.154「母音挿入」参照）。例えば、[kitab（本）] は [-b] という子音で終わっていますが、[kitab-m] と発音するより、[kitab-im] としたほうが発音しやすくなります。

例）　本　　　　　　私の　　　　　　　　　　私の本
　　　kitab　　＋　- m　　　--------➤　kitab-m
　　　　　　　　　　　　　　　　　　　　　　　　　┌─ bとmが重なり、発音しにくい
　　　　　　　　　　　　　　　　　　　　　　　　　　そこで……
　　　kitab　　＋　-(i/u/ü)m　--------➤　kitab-im
　　　　　　　　　　　　　　┌─ bとmの間に（　）内の母音を挿入する。
　　　　　　　　　　　　　　　挿入する母音は直前の単語の音に合わせて決定される

　母音で終わる名詞には（　）の中の母音は使いません。1人称単数の場合なら [-m] が、2人称単数なら [-ng] か [-ngiz] だけが付く、というわけです。

3人称は [si/i] ですが、前の単語が母音終止なら [si]、子音終止なら [i] が接続します。また、これは指定詞の [si/i] と同じものです。(➡ページ下部「指定詞」参照)

子音 [b] で終わる単語 [kitab (本)] の場合なら、[kitab-im] で「私の本」、[kitab-ing] で「君の本」、[kitab-i] で「彼 (彼女) の本」という意味になります。ウイグル語で書かれた語順のまま直訳すると、「本、私の」とか「本、君の」という感じです。

例) kitab-im   (本、私の)   ————————→   私の本

    kitab-ing   (本、君の)   ————————→   君の本

    kitab-i   (本、彼 (彼女) の)   ————————→   彼 (彼女) の本

母音終止の名詞 [shepke (帽子)] と子音終止の名詞 [ayagh (靴)] を例にして、表にします。[shepke] は後に [i] を含んだ語が来ると、その音の影響によって、最後の [e] が [i] に変化します。[ayagh] の場合は、同じく後に来る音の影響で、二つ目の [a] が [é] に変化します (➡P.155「狭母音化」参照)。

例)

	単数		複数	
	母音終止語	子音終止語	母音終止語	子音終止語
1人称	shepke-m 私の帽子	ayégh-im 私の靴	shepki-miz 私達の帽子	ayégh-imiz 私達の靴
2人称	shepke-ng 君の帽子 shepki-ngiz あなたの帽子	ayégh-ing 君の靴 ayégh-ingiz あなたの靴	shepke-nglar 君達の帽子 shepki-ngizler あなた達の帽子	ayégh-inglar 君達の靴 ayégh-ingizler あなた達の靴
3人称	shepki-si 彼の帽子	ayégh-i 彼の靴	shepki-si 彼らの帽子	ayégh-i 彼らの靴

※3人称は「彼、彼女、それ/彼ら、彼女ら、それら」などの意味ですが、ここでは「彼/彼ら」で統一します。

❈ 指定詞 ❈

この「所有人称語尾」に似たものに、3人称の接辞 [si/i] があります。これを3人称の「所有人称語尾」と考える人もいますが、「指定詞」と理解する人もいます。

指定詞というのは、「そのもの」であるということを指し示す働きをするもので、「そのもの」と指定したり、強調する場合に使います。

参考   (彼/彼らが) 昨日買った本   →   tünügün al-ghan kitab-i

       (彼/彼らが) 昨日買った帽子 →   tünügün al-ghan shepki-si

(2) 動詞人称語尾

　動詞に接続して、その動作が誰のものかを表します。(1)「所有人称語尾 (➡ P.160参照)」
の場合と同様、(　) 内は挿入母音または挿入音です。

	単数	複数
1人称	-(i/y)men	-(i/y)miz
2人称	-(i/y)sen -(i/y)siz	-(i/y)siler -(i/y)sizler
3人称	-(i/y)du	-(i/y)du

　子音が連続するのを避けるために[i]を挿入する点は同じですが、母音終止の語幹
に対しても、[y]が挿入されるので注意してください。つまり「動詞人称語尾」では
語幹が母音終止なら [y] を、子音終止の場合なら [i] が挿入されます。
　母音終止語の [oqu-maq（読む）] と子音終止語の [kel-mek（来る）] を例にして表
にします。

例)	単数		複数	
	母音終止語	子音終止語	母音終止語	子音終止語
1人称	oqu-y-men 私が読む	kél-i-men 私が来る	oqu-y-miz 私達が読む	kél-i-miz 私達が来る
2人称	oqu-y-sen 君が読む oqu-y-siz あなたが読む	kél-i-sen 君が来る kél-i-siz あなたが来る	oqu-y-siler 君達が読む oqu-y-sizler あなた達が読む	kél-i-siler 君達が来る kél-i-sizler あなた達が来る
3人称	oqu-y-du 彼が読む	kél-i-du 彼が来る	oqu-y-du 彼らが読む	kél-i-du 彼らが来る

(3) 過去・条件人称語尾

	単数	複数
1人称	-m	-q/-k
2人称	-ng -ngiz	-nglar -ngizlar
3人称	なし	なし

　過去を表す接辞 [-di/-ti（〜た）] (➡
P.179参照) と条件を表す接辞 [-sa/-se（〜
したら、〜すれば）] (➡ P.196参照) の 2
種類の接辞に接続して使います。過去
接辞に付く人称語尾はその動作が誰の
動作であったかを、条件接辞に付く人
称語尾は誰の行動に関わる条件である
かを示します。

(a) 過去を表す接辞 [-di/-ti] の後に付く場合

過去の接辞は前の母音の影響によって [-du/-tu/-dü/-tü] に変化することがあります。

(→ P.153「子音調和」、P.154「唇の調和」参照)

例)

	単数		複数	
	母音終止語	子音終止語	母音終止語	子音終止語
1人称	oqu-du-m 私が読んだ	kel-di-m 私が来た	oqu-du-q 私達が読んだ	kel-du-q 私達が来た
2人称	oqu-du-ng 君が読んだ oqu-di-ngiz あなたが読んだ	kel-di-ng 君が来た kel-di-ngiz あなたが来た	oqu-du-nglar 君達が読んだ oqu-di-ngizler あなた達が読んだ	kel-di-nglar 君達が来た kel-di-ngizler あなた達が来た
3人称	oqu-di 彼が読んだ	kel-di 彼が来た	oqu-di 彼らが読んだ	kel-di 彼らが来た

(b) 条件を表す接辞 [-sa/-se] の後に付く場合

その動作、条件が誰に関わるものであるかを示します。後に来る母音によって [-si] になることがあります。

例)

	単数		複数	
	母音終止語	子音終止語	母音終止語	子音終止語
1人称	oqu-sa-m 私が読めば	kel-se-m 私が来れば	oqu-sa-q 私達が読めば	kel-se-k 私達が来れば
2人称	oqu-sa-ng 君が読めば oqu-si-ngiz あなたが読めば	kel-se-ng 君が来れば kel-si-ngiz あなたが来れば	oqu-sa-nglar 君達が読めば oqu-si-ngizler あなた達が読めば	kel-se-nglar 君達が来れば kel-si-ngizler あなた達が来れば
3人称	oqu-sa 彼が読めば	kel-se 彼が来れば	oqu-sa 彼らが読めば	kel-se 彼らが来れば

便利 この [-sa/-se] を使った [動詞語幹-sa-m bol-am-du?（〜してもいいか？）] という表現は頻用されます。

Men	kir-se-m	bol-am-du?
私は	入っても	いいですか？

Ete	kel-si-ngiz	bol-am-du?
明日	来ても	いいですか？（あなた）

（明日、あなたは来られますか？）

2 名詞 (Isim)

ウイグル語の名詞には（1）「普通名詞」、（2）「固有名詞」、（3）「数詞」、（4）「代名詞」などの種類がありますが、日本語と同じです。

（1）普通名詞

一般的な名称のことです。

例）　it（犬）　　　　qelem（鉛筆）　　　　adem（人）　　　sheher（都市）

●名詞の複数形： -lar/-ler

名詞の後に［-lar/-ler］の複数語尾を付けます。lar、lerの使い分けは陽性母音、陰性母音によります。（➡ P.153「母音調和」参照）

例）

単数	複数
kitab （本）	kitab-lar （複数の本）
resim （写真）	resim-ler （複数の写真）

ただし、名詞の前に数詞がある場合や数えられない名詞には付きません。

例）　besh adem　　　　（5人）
　　　ikki tal béliq　　　（2匹の魚）
　　　minglap esker　　　（数千の兵士）

　　　su　　　　　　　　（水）
　　　muhebbet　　　　（愛）

（2）固有名詞

人の名前や地名のように、それ以外には存在しない特定の対象を表す名詞のことです。

例）　Adil　　　　　　　（アデル：人名）
　　　Tengri tagh　　　（天山）
　　　Qar déngiz　　　（黒海）

（3）数詞

数詞には、数字や「第〜番目」を表す助数詞などがあります。

①基数詞

bir	(1)	toqquz	(9)	seksen	(80)
ikki	(2)	on	(10)	toqsan	(90)
üch	(3)	yigirme	(20)	yüz	(100)
töt	(4)	ottuz	(30)	ming	(1,000)
besh	(5)	qiriq	(40)	tümen	(10,000)
alte	(6)	ellik	(50)	milyon	(1,000,000)
yette	(7)	atmish	(60)	milyard	(1,000,000,000)
sekkiz	(8)	yetmish	(70)		

②序数詞： -inchi/-nchi を付けて作ります。

bir-**inchi**（第1）　　　　　　　alt-**inchi**（第6）

ikki-**nchi**（第2）　　　　　　　yigirm-**inchi**（第20）

③概数： -(lar/-ler)che 、 -lap/-lep を付けると「〜くらい」の意味になります。

on-**larche**（10ぐらい）　　　　yüz-**lep**（百ぐらい）

yigirme-**lerche**（20ぐらい）　　ming-**lap**（千ぐらい）

④集合数詞： -(e)ylen を付けて作ります。

ikke-**ylen**（2人とも）　　　　　töt-**eylen**（4人とも）

⑤分数の表現：〈 分母 + -den/-ten 〉 分子

分母に当たる数字に［-den/-ten］を接続し、分子に当たる数字をその次に置きます。

besh-**den** bir（5分の1）　　　　töt-**ten** üch（4分の3）

(4) 代名詞

　代名詞は名詞または名詞句の代わりに用いられる語で、人物、事物、場所などを指示する機能をもった語で、日本語と同じです。①人称代名詞、②指示代名詞、③疑問代名詞（疑問詞）、④再帰代名詞に分類されます。

　例）　**men**（私）　　　　**sen**（君）　　　**siz**（あなた）　　　**u**（彼、彼女）

①人称代名詞

	単数		複数	
1人称	men	私	biz	私達
2人称	sen siz	君 あなた	sen-ler siz-ler	君達 あなた達
3人称	u	彼、彼女	u-lar	彼ら、彼女ら

2人称のsenはごく親しい間柄の相手に使い、一般的にはsizを使います。

②指示代名詞

近称　（これ、この）	bu、mawu（近い物）
中称　（それ、その）	shu、ashu（遠称としても使用される）
遠称　（あれ、あの）	u、awu

　そのままの形で使う場合と、名詞を修飾して使う場合があります。日本語では「これ」と「この」を使い分けますが、ウイグル語では同じ［bu、mawu］を用います。

　例えば、　**bu kitab**　——┌── これは本　⎞
　　　　　　　　　　　　　　└── この本　　⎠　二つの意味で使われます。

●方向は **yer**（場所）を付けて表現します。
　　u **yer**-ge　　（そちらに、あちらに）
　　bu **yer**-ge　（こちらに）

＊［yer］の後の［-ge］は➡P.169「④向格」参照

③疑問代名詞（疑問詞）

kim	誰	kim keldi? （誰が来ましたか？）
néme	何	bu néme? （これは何？）
qachan	いつ、何時	qachan kélisiz? （あなたはいつ（何時に）来ますか？）
qandaq	どんな	bu adem qandaq adem? （この人はどんな人？）
qaysi	どれ、どの	qaysi alma yaxshi? （どのリンゴが良いですか？）
nechche qanche	いくつ	nechche alma sétiwalisiz? qanche alma sétiwalisiz? 〉（いくつリンゴを買いますか？）
néme üchün	何のために、なぜ	siz néme üchün kélisiz? （あなたは何のために来ましたか？）

「いくつ」を表す［nechche］と［qanche］は同じ意味で、どちらを使っても構いません。

④再帰代名詞： öz

　［öz（自分、自分の）］に「所有人称語尾（➡P.160参照）」を付けると、「〜自身」という意味になります。この時、所有人称語尾は1人称、2人称の形が［-im］［-ing］ではなく、［-em］［-eng］となります。

	単数		複数	
1人称	öz-em	私自身	öz-imiz	私達自身
2人称	öz-eng öz-ingiz	君自身 あなた自身	öz-englar öz-ingizler	君達自身 あなた達自身
3人称	öz-i	彼自身、彼女自身	öz-i	彼ら自身、彼女ら自身

例）　**Öz-em**　　yasi-ghan　　　radiyo.
　　　自分で　　　作った　　　　　ラジオです。

　　　Öz-eng　　üchün　　　ügen-gin.
　　　君自身の　　ため　　　　勉強しなさい。

3 助詞 (Söz yasughuchi qoshumchilar)

「助詞」も日本語に似ているので分かりやすいでしょう。主として名詞の後に付いて、語と語の関係を示したり、細かい意味を添えたりします。日本語では「格助詞」、「係助詞」、「副助詞」、「終助詞」、「間投助詞」、「接続助詞」などに分類されますが、本書では（1）「格助詞」と（2）「副助詞」の二つに大別します。

（1）格助詞

格助詞は、日本語の「格助詞」と同じ働きです。その名詞がどういう関係で述語（動詞部）に掛かっていくのかを表します。ウイグル語では、①主格、②目的格（対象格）、③所有格（属格）、④向格（方向格）、⑤時・位格、⑥従格、⑦限界格の7種に分けるのが一般的です。

① 主格（は、が）：

名詞がそのまま主格になり、基本的には助詞は付けません。強調したい時には［bolsa］を付けます。

● 主格の位置に立つ名詞は、一般的に行為動作の主体や存在する主体を示します。

Yamghur　　　　yaghdi.
雨　　　　　　　が　降りました。

Ay　　　chiqti.
月　　が　出ました。

● 感覚の対象も示します。

Men　　　mashina　　　xalaymen.
私　　は　車　　　　が　欲しい。

Seskinishlik　puraq　　bar.
いやな　　　　匂い　　が　あります。

● 強調時： bolsa

U　**bolsa**　bir　　dangliq　alim.
彼　は　　　一人の　有名な　　研究者です。

② 目的格（対格）（を）： **-ni**

通常は使いませんが、指定された名詞であったり、話題にしている名詞である場合には［-ni］を付けます。

>Men　tamaq-**ni**　étimen.
>私は　料理　-を　作ります。

>Tünügün　kiyim-**ni**　al-ghili　bardim.
>昨日　　服　-を　買い-に　行きました。

●名詞以外の品詞類が目的語にある時、必ず目的格の助詞を付けます。

>U　ikki-**ni**　aldi.
>彼は　二つ-を　買いました。

>Qizilraqi-**ni**　siz-ge　bérey.
>より赤めの-を　あなた-に　あげよう。

③ 所有格（属格）（の）： **-ning**

人あるいは物事の所属関係を表します。名詞に［-ning］を付けて、連体修飾句を作る用法が本来の機能です。

>Mektep-**ning**　meydan-i.
>学校　-の　　グラウンドです。

>Dostum-**ning**　resim-i.
>友達　-の　　写真です。

> ＊文末の［-i］は指定詞です（➡ P.161「指定詞」参照）。「～の」と限定された時には「その～」という意味で付けられます。

●「私の（もの）」、「君の（もの）」という意味にも使用されます。

>Bu　chapan　Aygül-**ning**.
>この　服は　　アイギュル-のもの。

●固有名詞が２つ以上の名詞から成り立っている時には、この所有格助詞が付かない場合があります。

>Ürümchi（-**ning**）　géziti.
>ウルムチ　（-の）　　新聞。

④ 向格（～へ、～に）： **-gha/-qa/-ge/-ke**

行為動作の向かう方向を示します。名詞に［-gha/-qa/-ge/-ke］を付けます。

>Mektep-**ke**　barimen.
>学校　-へ　　行きます（私）。

Top-ni　　　yiraq-**qa**　　atimen.
ボール-を　　遠く -へ　　　投げます（私）。

●動作の目的を示す場合
　　Ular　　toy-**gha**　　keldi.
　　彼らは　　結婚式-に　　来ました。

●到達点を示す場合
　　U　　buyil　yüz　yash-**qa**　　kirdi.
　　彼は　今年　百　歳　-に　　なりました。

---

⑤ 時・位格（〜に、〜で）： **-da/-ta/-de/-te**

●行為動作あるいは物事の発生するところ、存在する時間あるいは空間を示す格です。
　名詞に [-da/-ta/-de/-te] を付けて、ある動作・行為が行われた場所や時間を表します。
　　Mektep-**te**　adem　　bar.
　　学校　-に　　人が　　います。

　　Kütüpxani-**da**　kitab　bilen　gézit　köp.
　　図書館　　-には　本　　と　　新聞が　多いです。

●述語となる場合
　　Sé-ning　　lughiting　üstel-ning　　üsti-**de**.
　　君 -の　　　辞書は　　机　-の　　　上　-に（ある）。

●原因・理由を示す場合
　　Boran-**da**　　derex　　örüldi.
　　風　-で　　木が　　　倒れました。

●手段、材料、比較の範囲を示す場合
　　Poyiz-**da**　ish-qa　　barimen.
　　電車　-で　　仕事-に　行きます（私）。

　　Qeghez-**de**　qonchaq-ni　　yasaymiz.
　　紙　　-で　　人形　　-を　　作ります（私達）。

　　Zümret　　　sinip-**ta**　eng　　ela　　oqughuchi.
　　ズムレットは　教室 -で　一番　優秀な　学生です。

170

⑥ 従格（〜から）： **-din/-tin**

●行為動作の起点、比較、原因を示す格です。名詞に［-din/-tin］を付けて名詞の
従格を構成します。

Mektep-**tin**　　qaytimen.
学校　　　-から　　帰ります（私）。

Musabiqe　　toqquz-**din**　　bashlinidu.
試合は　　　　9時　　-から　　始まります。

●比較の対象を示す場合

Turpan　　　Tokyo-**din**　　issiq.
トルファンは　日本　-より　　暑い。

●起点を示す場合

Bu　　　qiz　　　　Yapon-**din**　　keldi.
この　　女の子は　　日本　　-から　来ました。

Yézi-**din**　ayrilip　　sheher-ge　　bardi.
田舎 -から　離れて　　都会　　-に　　行きました（彼）。

●行為動作の原因・理由を示す場合

Xoshalliq-**tin**　　sekrep　　ketti.
嬉しさ　　　-から　　跳び　　上がりました（彼）。

●等分に割り当てる数を示す場合

Mu'ellimler-ge　　besh-**tin**　　tarqattim.
先生達　　　　-に　　5個　ずつ　　配りました。

⑦ 限界格（〜まで）： **-ghiche/-qiche/-giche/-kiche**

●動作あるいは行為状態を持続している空間限界や時間限界など示す格です。名詞
に［-ghiche/-qiche/-giche/-kiche］を付けて構成します。

Mektep-**kiche**　　bir　　sa'et.
学校　　　-まで　　1　　時間。

Bu　　maqali-ni　　eti-**ghiche**　　tamamlaymen.
この　原稿　-を　　明日-までに　　仕上げます。

●時間の範囲を示す場合

Etigen-din　　hazir-**ghiche**　　tamaq-ni　　yémidim.
朝　　-から　今　-まで　　　ご飯-を　　　食べていません。

171

●極端な例を取り立てていう場合

Bu　pa'aliyet-ke　balilar-**ghiche**　qatnashti.
この　イベント　-に　子供達 -まで　　参加しました。

　格助詞以外の助詞を「副助詞」とします。名詞類に付いて、それらの語に様々な意味を加えます。

◇ **-mu** ：（〜も）

　強調します。同類のものがあることを示します。

Men-**mu**　oqughuchi.
私　　-も　　学生。

Neshpit-**mu**　yégim bar.
梨　　　　-も　　食べたい。

◇ **-la** ：（〜だけ、〜しか）

　強調します。限定の意味です。

Men-**la**　　bilimen.
私　-だけ　　知っています。

U　gösh-**la**　　yeydu.
彼は　肉　-だけ　　食べます。

●動詞の状態副動詞（➡ P.193参照）の後に続くこともあります。

U　uyghurchi-ni　sözle-**p-la** qal-mastin, yaponchi-mu　sözli-yeley-du.
彼は ウイグル語 -を　話す -だけではなく、　　日本語　　-も　　話せます。

◇ **-dek/-tek** ：（〜のように）　（➡ P.203 参照）

ひとつの物事と比べ、性質、形態、特徴においてある共通性を持つことを示します。

Tawuz-**dek**　　　tatliq.
スイカ -のように　　甘い。

Yamghur　shaqiratmi-**dek**　　yéghip ketti.
雨は　　　　滝　　　-のように　降っていました。

◇ -che 、-chilik ：（～ぐらい、～ように）

量と程度においてある共通性を持つことを表します。

Ikki   métir-**che**   körünidu.
2   メーター -ぐらいに   見えます。

Siz-**chilik**   qilalmaydu.
あなた -のように   できません。

◇ -diki/-tiki ：（～の）

場所、範囲、領域を示します。連体格助詞でもあります。

Bu yer-**diki**   kishiler.
ここ   -の   人々。

Mushu   jehet-**tiki**   mesile.
この   分野 -の   問題。

●人称代名詞と助詞

「人称代名詞」に助詞が付いた時、不規則な形になるものがありますので注意してください。

<table>
<tr><td colspan="2" rowspan="2"></td><td rowspan="2">1人称</td><td colspan="2">2人称</td><td rowspan="2">3人称</td></tr>
<tr><td>一般形</td><td>尊敬形</td></tr>
<tr><td rowspan="7">格助詞</td><td>主格</td><td>**men**（私）</td><td>**sen**（君）</td><td>**siz**（あなた）</td><td>**u**（彼、彼女）</td></tr>
<tr><td>所有格（～の）</td><td>mé-ning</td><td>sé-ning</td><td>siz-ning</td><td>u-ning</td></tr>
<tr><td>目的格（～を）</td><td>mé-ni</td><td>sé-ni</td><td>siz-ni</td><td>u-ni</td></tr>
<tr><td>方向格（～へ）</td><td>mang-gha</td><td>sang-gha</td><td>siz-ge</td><td>u-ning-gha</td></tr>
<tr><td>時位格（～に、～で）</td><td>men-de</td><td>sen-de</td><td>siz-de</td><td>u-ning-da</td></tr>
<tr><td>従格（～から）</td><td>men-din</td><td>sen-din</td><td>siz-din</td><td>u-ning-din</td></tr>
<tr><td>限界格（～まで）</td><td>men-giche</td><td>sen-giche</td><td>siz-giche</td><td>u-ning-ghiche</td></tr>
<tr><td rowspan="6">副助詞</td><td>～も</td><td>men-mu</td><td>sen-mu</td><td>siz-mu</td><td>u-mu</td></tr>
<tr><td>～だけ、～しか</td><td>men-la</td><td>sen-la</td><td>siz-la</td><td>u-la</td></tr>
<tr><td>～のように、ような</td><td>men-dek</td><td>sen-dek</td><td>siz-dek</td><td>u-ning-dek</td></tr>
<tr><td rowspan="2">～だけ、くらい</td><td>men-che</td><td>sen-che</td><td>siz-che</td><td>u-ning-che</td></tr>
<tr><td>men-chilik</td><td>sen-chilik</td><td>siz-chilik</td><td>u-ning-chilik</td></tr>
<tr><td>～のように、ような</td><td>men-diki</td><td>sen-diki</td><td>siz-diki</td><td>u-ning-diki</td></tr>
</table>

4 後置詞 (Tirkelme)

ウイグル語の後置詞は、助詞と同じような働きをするものですが、独立した語として、名詞と分離して綴られます。

例)

bilen	(で)	qeder	(まで、さえ、ほど)
arqiliq	(〜を通して)	qarighanda	(〜と比較して)
üchün	(ために)	asasen	(〜に基づいて)
boyiche	(〜によって、〜に従って)	toghruluq	(〜について、〜に関して)
heqqide	(〜に関して)	a'it	(〜関連する)
toghrisida	(〜に対して、〜について)	halda	(〜の状況で、〜の状態で)
qarita	(〜に対して)	ibaret	(〜からなる、〜から成り立つ)
nisbeten	(〜に比べて)	qatarliq	(など)

◇ **bilen** : (で)

Öchürgüch	**bilen**	xet-ni	öchürüng.
消しゴム	で	字 -を	消してください (あなた)。

著名ウイグル人の名言集㉒

ئىگىلىدىكەن ئالما شاخلىرى،
مېۋىسى قانچە ئوخشىغانسېرى.
كەمتەرلىك بىلەن ئادەم چىرايلىق،
سەتلىشىدىكەن غادايغان سېرى.

Igilidiken alma shaxliri,
Méwisi qanche oxshighanséri.
Kemterlik bilen adem chirayliq,
Setlishidiken ghadayghanséri.

実るほど、
リンゴの枝は頭を垂れる。
謙虚であれば人も美しく、
傲慢であれば醜くなる。

تېيىپجان ئەلىيېف
Téyipjan Éliyéf (1930-1989)

174

◇ arqiliq : (で)

Biz	téléfon	**arqiliq**	alaqilashtuq.
私達は	電話	で	連絡しました。

◇ üchün : (ために)

Imtihan	**üchün**	tirishtim.
試験の	ために	頑張りました（私）。

◇ boyiche : (〜に従って)

Men	derslik	**boyiche**	ögendim.
私は	教科書	に従って	勉強しました。

◇ qeder : (まで、さえ、ほど)

Shamal	u	**qeder**	küchlük	emes.
風は	それ	ほど	強く	ありません。

◇ qarighanda : (〜比較の「より」)

Tokyo-gha	**qarighanda**	Kyoto-da	adem	az.
東京	-に	比べると	京都	-に	人が	少ない。

تۇغۇلدۇڭ، سەن ئۇچقۇن، ئۆچمە گۈرۈلدە،
هايات شۇ، سەن شۇڭقار، پەرۋاز قىل ئۆرل.

Tughuldung, sen uchqun, öchme gürülde,
Hayat shu, sen shungqar, perwaz qil örl.

君は生まれた、君は火花、消えることなく燃え続けろ、
それは命、君は鷲、飛び上がれ。

زوردۇن سابىر
Zordun Sabir (1937-1998)

語幹 (Söz yiltizi)

　「語幹」というのは動詞の基本となる部分を言います。「書く」という動詞は [yaz] ですが、現在形は [yaz-i-du]、過去形は [yaz-di]、「書いたから」は [yaz-ghachqa]、「書きに（行く）」は [yaz-ghili] のように、変化しない [yaz] の部分を指します。

　ウイグル語の動詞は語幹だけで使用すると「ぞんざいな命令形」になります。それ以外は何らかの接辞を付けて、さまざまな表現に使われます。その中で、ウイグル語の基本の理解のために必要な、最小限の語法や表現を取り上げます。

　時制（過去、未来、進行形など）、態（受動態、使役態、共同態など）、式（願望、意志、命令など）を取り上げて、その後、よく使う接辞を補うことにします。

> ※本書ではウイグル語動詞の基本形である「語幹に動名詞接辞の [-maq/-mek] を付けた表記形式」を採用しています。動詞は辞書ではこの形で掲載されています。
>
> 　例： [bar-maq] [sözli-mek]
>
> 　ただし、語幹の母音が判別できるように、必要に応じて [bar-] [sözle-] の形で表記してあります。

動詞の時制範疇 (Péillarning zaman katégoriyesi)

　動詞の表す動作・状態がいつ行われ、いつ起きたかを示す時間的な関係の様式です。基本的な (1)「現在形」、(2)「過去形」、(3)「存在過去形」、(4)「未来形」、(5)「進行形」について説明します。

(1) 現在形

　現在形は現在の行動、これから行う行動について話すときに使われます。「太陽は東から登る」のような恒常的な現象についても使います。

①現在形肯定文

　現在形の肯定文は「動詞人称語尾」（➡ P.162参照）で説明したように、語幹に人称語尾を付けた形です。ここでは [oqu-maq（読む）]（母音終止語幹）、[bar-maq（行く）]（子音終止語幹）を例にして表を再掲します。3人称は「彼／彼ら」で統一します。

例)

	単数		複数	
	母音終止語	子音終止語	母音終止語	子音終止語
1人称	oqu-y-men 私は読む	bar-i-men 私は行く	oqu-y-miz 私達が読む	bar-i-miz 私達は行く
2人称	oqu-y-sen 君は読む oqu-y-siz あなたは読む	bar-i-sen 君は行く bar-i-siz あなたは行く	oqu-y-siler 君達が読む oqu-y-sizler あなた達が読む	bar-i-siler 君達は行く bar-i-sizler あなた達は行く
3人称	oqu-y-du 彼は読む	bar-i-du 彼は行く	oqu-y-du 彼らが読む	bar-i-du 彼らは行く

②現在形否定文： -may/-mey

　動詞語幹と人称接辞の間に否定接辞の［-may/-mey］を入れます。挿入母音は入りません。

（-may/-mey の使い分けは➡ P.153「母音調和」参照）

例)

	単数		複数	
	母音終止語	子音終止語	母音終止語	子音終止語
1人称	oqu-may-men 私は読まない	bar-may-men 私は行かない	oqu-may-miz 私達は読まない	bar-may-miz 私達は行かない
2人称	oqu-may-sen 君は読まない oqu-may-siz あなたは読まない	bar-may-sen 君は行かない bar-may-siz あなたは行かない	oqu-may-siler 君達は読まない oqu-may-sizler あなた達は読まない	bar-may-siler 君達は行かない bar-may-sizler あなた達は行かない
3人称	oqu-may-du 彼は読まない	bar-may-du 彼は行かない	oqu-may-du 彼らは読まない	bar-may-du 彼らは行かない

③現在形疑問文： -mu 、-am/-em

　現在形の肯定疑問文の場合は、1人称と2人称、3人称では少し異なります。

例)

	単数		複数	
	母音終止語	子音終止語	母音終止語	子音終止語
1人称	oqu-y-men-mu? 私は読むか？	bar-i-men-mu? 私は行くか？	oqu-y-miz-mu? 私達は読むか？	bar-i-miz-mu? 私達は行くか？
2人称	oqu-m-sen? 君は読むか？ oqu-m-siz? あなたは読むか？	bar-am-sen? 君は行くか？ bar-am-siz? あなたは行くか？	oqu-m-siler? 君達は読むか？ oqu-m-sizler? あなた達は読むか？	bar-am-siler? 君達は行くか？ bar-am-sizler? あなた達は行くか？
3人称	oqu-m-du? 彼は読むか？	bar-am-du? 彼は行くか	oqu-m-du? 彼らは読むか？	bar-am-du? 彼らは行くか？

●1人称： -mu

肯定文の終わりに判断詞［-mu］(➡ P.203) を付けます。日本語の助詞「か」に当たります。

例） Men　　oqu-y-men-**mu**?
　　　私は　　読みます　　-か?

　　　Men　　mektep-ke　　bar-i-men-**mu**?
　　　私は　　学校　　-へ　　行きます　　-か?

●2人称： -m/-am/-em

動詞語幹に［-m/-am/-em］を接続します。母音終止の動詞語幹には［-m］を付け、子音で終わるときには［-am/-em］を付けます。その後に人称接辞が付きます。

例） Sen　　hazir　　tamaq-ni　　ye-**m**-sen?
　　　君は　　今　　　ご飯　-を　　食べます-か?

　　　Siler　　ete　　kinoxani-gha　　bar-**am**-siler?
　　　君達は　明日　　映画館　-へ　　行きます-か?

●3人称： -m/-am/-em ＋ -du

最後に［-du］を付けます。

例） U　　　polo-ni　　ye-**m**-**du**?
　　　彼は　ポロ -を　　食べます-か?

　　　Ular　　sayahet-ke　　bar-**am**-**du**?
　　　彼らは　旅行　-に　　行きます -か?

④現在形否定疑問文： -may/-mey ＋ -mu （1人称）： -ma/-me ＋ -m- （2人称3人称）

「～しないか?」という表現です。1人称の場合と、2人称・3人称の場合で、接辞の入る場所が異なりますので注意しましょう。

例）

	単数		複数	
	母音終止語	子音終止語	母音終止語	子音終止語
1人称	oqu-may-men-mu? 私は読まないか?	bar-may-men-mu? 私は行かないか?	oqu-may-miz-mu? 私達は読まないか?	bar-may-miz-mu? 私達は行かないか?
2人称	oqu-ma-m-sen? 君は読まないか?	bar-ma-m-sen? 君は行かないか	oqu-ma-m-siler? 君達は読まないか?	bar-ma-m-siler? 君達は行かないか?
	oqu-ma-m-siz? あなたは読まないか?	bar-ma-m-siz? あなたは行かないか?	oqu-ma-m-sizler? あなた達は読まないか?	bar-ma-m-sizler? あなた達は行かないか?
3人称	oqu-ma-m-du? 彼は読まないか?	bar-ma-m-du? 彼は行かないか?	oqu-ma-m-du? 彼らは読まないか?	bar-ma-m-du? 彼らは行かないか?

（2）過去形

すでに発生した、または完了した動作を表します。動詞語幹に過去接辞［-di/-ti］を付けます。その後に「過去・条件人称接辞」が接続します（➡ P.153参照）。

①過去形肯定文： -di/-ti/-du/-tu

例)	単数		複数	
	母音終止語	子音終止語	母音終止語	子音終止語
1人称	oqu-du-m 私は読んだ	bar-di-m 私は行った	oqu-du-q 私達は読んだ	bar-du-q 私達は行った
2人称	oqu-du-ng 君は読んだ	bar-di-ng 君は行った	oqu-du-nglar 君達は読んだ	bar-di-nglar 君達は行った
	oqu-di-ngiz あなたは読んだ	bar-di-ngiz あなたは行った	oqu-di-ngizlar あなた達は読んだ	bar-di-ngizlar あなた達は行った
3人称	oqu-di 彼は読んだ	bar-di 彼は行った	oqu-di 彼らは読んだ	bar-di 彼らは行った

例） Gézit-ni　　　oqu-**du-m**.
　　　新聞 -を　　　読みました（私）。

　　　Sheherlik hökümet-ke　　bar-**di-m**.
　　　市役所　　　　　-に　　　行きました（私）。

②過去形否定文： -mi ＋（過去接辞 -di/-ti ）

語幹と過去接辞の間に否定接辞の［-mi］を挿入します。

例)	単数		複数	
	母音終止語	子音終止語	母音終止語	子音終止語
1人称	oqu-mi-di-m 私は読まなかった	bar-mi-di-m 私は行かなかった	oqu-mi-du-q 私達は読まなかった	bar-mi-du-q 私達は行かなかった
2人称	oqu-mi-di-ng 君は読まなかった	bar-mi-di-ng 君は行かなかった	oqu-mi-di-nglar 君達は読まなかった	bar-mi-di-nglar 君達は行かなかった
	oqu-mi-di-ngiz あなたは読まなかった	bar-mi-di-ngiz あなたは行かなかった	oqu-mi-di-ngizlar あなた達は読まなかった	bar-mi-di-ngizlar あなた達は行かなかった
3人称	oqu-mi-di 彼は読まなかった	bar-mi-di 彼は行かなかった	oqu-mi-di 彼らは読まなかった	bar-mi-di 彼らは行かなかった

例） Inglizche　kitab-ni　　oqu-**mi**-di-m.
　　　英語の　　　本　-を　　読みませんでした。

　　　Doxturxani-gha　　bar-**mi**-di-m.
　　　病院　　　-に　　　行きませんでした。

③過去形肯定疑問文

①の過去形肯定文に疑問を表す判断詞の［-mu］を付けます。

例)	単数		複数	
	母音終止語	子音終止語	母音終止語	子音終止語
1人称	oqu-du-m-mu? 私は読んだか？	bar-di-m-mu? 私は行ったか？	oqu-du-q-mu? 私達は読んだか？	bar-du-q-mu? 私達は行ったか？
2人称	oqu-du-ng-mu? 君は読んだか？	bar-di-ng-mu? 君は行ったか？	oqu-du-nglar-mu? 君達は読んだか？	bar-di-nglar-mu? 君達は行ったか？
	oqu-di-ngiz-mu? あなたは読んだか？	bar-di-ngiz-mu? あなたは行ったか？	oqu-di-ngizlar-mu? あなた達は読んだか？	bar-di-ngizlar-mu? あなた達は行ったか？
3人称	oqu-di-mu? 彼は読んだか？	bar-di-mu? 彼は行ったか？	oqu-di-mu? 彼らは読んだか？	bar-di-mu? 彼らは行ったか？

例）　Biz　　 bu　　 xet-ni　　　　oqu-du-q-**mu**?
　　　私達は　この　手紙-を　　　　読みました -か？

　　　Sen　　su　　 ich-ti-ng-**mu**?
　　　君は　　水を　飲みました-か？

　　　Ular　 yaponchi-ni　　oqu-di-**mu**?
　　　彼らは　日本語　　-を　　読みました-か？

④過去形否定疑問文

②の過去形否定文に疑問を表す判断詞の［-mu］を付けます。

例)	単数		複数	
	母音終止語	子音終止語	母音終止語	子音終止語
1人称	oqu-mi-di-m-mu? 私は読まなかったか？	bar-mi-di-m-mu? 私は行かなかったか？	oqu-mi-du-q-mu? 私達は読まなかったか？	bar-mi-du-q-mu? 私達は行かなかったか？
2人称	oqu-mi-di-ng-mu? 君は読まなかったか？	bar-mi-di-ng-mu? 君は行かなかったか？	oqu-mi-di-nglar-mu? 君達は読まなかったか？	bar-mi-di-nglar-mu? 君達は行かなかったか？
	oqu-mi-di-ngiz-mu? あなたは読まなかったか？	bar-mi-di-ngiz-mu? あなたは行かなかったか？	oqu-mi-di-ngizlar-mu? あなた達は読まなかったか？	bar-mi-di-ngizlar-mu? あなた達は行かなかったか？
3人称	oqu-mi-di-mu? 彼は読まなかったか？	bar-mi-di-mu? 彼は行かなかったか？	oqu-mi-di-mu? 彼らは読まなかったか？	bar-mi-di-mu? 彼らは行かなかったか？

例）　Perxat　　　maqali-ni　　 oqu-mi-di-**mu**?
　　　ペルハトさんは　論文　-を　　読みませんでした-か？

　　　U　　 mektep-ke　　bar-mi-di-**mu**?
　　　彼は　学校　　-に　　行きませんでした-か？

（3）存在過去形

　存在過去接辞［-ghan/-qan/-gen/-ken］があり、この接辞が付いた形が過去形として
も用いられるようになっています。過去の経験「〜したことがある」を表します。

（➡ P.192参照）

①存在過去形肯定文： -ghan/-qan/-gen/-ken

例)	単数		複数	
	母音終止語	子音終止語	母音終止語	子音終止語
1人称	oqu-ghan (-men) 私は読んだことがある	bar-ghan (-men) 私は行ったことがある	oqu-ghan (-miz) 私達は読んだことがある	bar-ghan (-miz) 私達は行ったことがある
2人称	oqu-ghan (-sen) 君は読んだことがある	bar-ghan (-sen) 君は行ったことがある	oqu-ghan (-siler) 君達は読んだことがある	bar-ghan (-siler) 君達は行ったことがある
	oqu-ghan (-siz) あなたは読んだことがある	bar-ghan (-siz) あなたは行ったことがある	oqu-ghan (-sizler) あなた達は読んだことがある	bar-ghan (-sizler) あなた達は行ったことがある
3人称	oqu-ghan 彼は読んだことがある	bar-ghan 彼は行ったことがある	oqu-ghan 彼らは読んだことがある	bar-ghan 彼らは行ったことがある

例)　Biz　　　bu　　　hékayi-ni　　sözli-**gen**.
　　私達は　この　　物語　-を　　話したことがあります。

　　Siz　　　bu　　　jhulnal-ni　　al-**ghan**.
　　あなたは　この　　雑誌　-を　　買ったことがあります。

＊［jhulnal］は［zhulnal］
とも表記する

②存在過去形否定文： -mi ＋（存在過去接辞 -ghan/-qan/-gen/-ken）

　語幹に否定接辞［-mi］を接続し、存在過去接辞を付けます。

例)	単数		複数	
	母音終止語	子音終止語	母音終止語	子音終止語
1人称	oqu-mi-ghan (-men) 私は読んだことがない	bar-mi-ghan (-men) 私は行ったことがない	oqu-mi-ghan (-miz) 私達は読んだことがない	bar-mi-ghan (-miz) 私達は行ったことがない
2人称	oqu-mi-ghan (-sen) 君は読んだことがない	bar-mi-ghan (-sen) 君は行ったことがない	oqu-mi-ghan (-siler) 君達は読んだことがない	bar-mi-ghan (-siler) 君達は行ったことがない
	oqu-mi-ghan (-siz) あなたは読んだことがない	bar-mi-ghan (-siz) あなたは行ったことがない	oqu-mi-ghan (-sizler) あなた達は読んだことがない	bar-mi-ghan (-sizler) あなた達は行ったことがない
3人称	oqu-mi-ghan 彼は読んだことがない	bar-mi-ghan 彼は行ったことがない	oqu-mi-ghan 彼らは読んだことがない	bar-mi-ghan 彼らは行ったことがない

例)　U　　　shéir-lar-ni　　　yaz-**mi**-ghan.
　　彼は　　詩　-を　　　書いたことがありません。

　　Biz　　Amériki-gha　　bar-**mi**-ghan.
　　私達は　アメリカ -に　　行ったことがありません。

③存在過去形疑問文：**-mu**

①の存在過去形肯定文に疑問を表す判断詞［-mu］を付けます。

oqu-ghan-mu?	bar-ghan-mu?
（読んだことがあるか？）	（行ったことがあるか？）

例） Sen　yaponche　kitab-ni　al-ghan-**mu**?
　　君は　日本語の　　本　-を　買ったことがありますか？

（4）未来形

ウイグル語では、これから行う動作や恒常的事象を表すのに、現在形を用います（➡ P.176「動詞・現在形」参照）。また、「不確定な未来」を表現するときは、語幹に［-ar/-er/-r］を接続させます。日本語の「おそらく～だろう」に相当します（➡ P.192参照）。

yaz-ar（書くだろう）	sözle-r（話すだろう）
öt-er（通るだろう）	oq-ar（読むだろう）

例） U　heqiqet-ni　kör-**er**.
　　彼は　真実　-を　見るだろう。

　　U　bu xet-ni　choqum　oq-**ar**.
　　彼は　この手紙-を　必ず　読むだろう。

（5）進行形

ある時点で動作や現象が進行中または継続中であることを表します。語幹に［(-i/-o/-u)-wat］を接続させます。日本語の「～している」という言い方です。

①進行形肯定文：**(-i/-o/-u)-wat**　（➡ P.193「接辞・進行形」参照）

例）	単数		複数	
	母音終止語	子音終止語	母音終止語	子音終止語
1人称	oqu-wat-i-men 私は読んでいる	bér-i-wat-i-men 私は行っている	oqu-wat-i-miz 私達は読んでいる	bér-i-wat-i-miz 私達は行っている
2人称	oqu-wat-i-sen 君は読んでいる	bér-i-wat-i-sen 君は行っている	oqu-wat-i-siler 君達は読んでいる	bér-i-wat-i-siler 君達は行っている
	oqu-wat-i-siz あなたは読んでいる	bér-i-wat-i-siz あなたは行っている	oqu-wat-i-sizler あなた達は読んでいる	bér-i-wat-i-sizler あなた達は行っている
3人称	oqu-wat-i-du 彼は読んでいる	bér-i-wat-i-du 彼は行っている	oqu-wat-i-du 彼らは読んでいる	bér-i-wat-i-du 彼らは行っている

例) Sayahet-ning teyyarliqi-ni qil-**i-wat**-i-men.
旅行 -の 準備 -を しています。

U uxla-**wat**-i-du.
彼は 寝ています。

②進行形否定文： **-may/-mey** + wat

動詞語幹に否定接辞の［-may/-mey］を付け、進行形の接辞［-wat］、その後に人称接辞を接続します。日本語の「～していない」という言い方です。

例)	単数		複数	
	母音終止語	子音終止語	母音終止語	子音終止語
1人称	oqu-may-wat-i-men 私は読んでいない	bar-may-wat-i-men 私は行っていない	oqu-may-wat-i-miz 私達は読んでいない	bar-may-wat-i-miz 私達は行っていない
2人称	oqu-may-wat-i-sen 君は読んでいない	bar-may-wat-i-sen 君は行っていない	oqu-may-wat-i-siler 君達は読んでいない	bar-may-wat-i-siler 君達は行っていない
	oqu-may-wat-i-siz あなたは読んでいない	bar-may-wat-i-siz あなたは行っていない	oqu-may-wat-i-sizler あなた達は読んでいない	bar-may-wat-i-sizler あなた達は行っていない
3人称	oqu-may-wat-i-du 彼は読んでいない	bar-may-wat-i-du 彼は行っていない	oqu-may-wat-i-du 彼は読んでいない	bar-may-wat-i-du 彼らは行っていない

例) Men mektep-ke bar-**may-wat**-i-men.
私は 学校 -に 行っていません。

Tapshuruq-ni ishli-**mey-wat**-i-sen.
宿題 -を していません（君は）。

③進行形疑問文： -wat + **-am**

動詞語幹に［-wat］を付けた後に疑問接辞［-am］を付けて、［-watam-］の形で用いられます。主に2人称と3人称に使われます。

例) Siz téxi ye-**wat-am**-siz? ……………………………… （肯定疑問）
君は まだ 食べていますか？

U xizmet-ni ishle-**wat-am**-du? …………………… （肯定疑問）
彼は 仕事 -を していますか？

④進行形否定疑問文： **-may/-mey** + -wat + **-am**

②の進行形否定文の後に疑問接辞の［-am］を付けます。［-wat-am-］の形になります。

例) Her küni gézit oqu-**may-wat-am**-siz? …………… （否定疑問）
毎日 新聞を 読んでいないのですか？

183

動詞の態範疇 (Péillarning derije katégoriyesi)

　「態」とは動作主に焦点を当てた表現法で、動詞の表す行為を行為者の側からみるか、行為の対象者の側からみるかなどの違いを表現するものです。ウイグル語では、(1)「受身態」、(2)「使役態」、(3)「共同態」、(4)「可能態」などがあります。動詞語幹に語尾や接辞を付けて表します。語尾は、接辞と同じような働きをしても、まだ接辞まで発達していないもので、動詞の一部として扱われます。

P.184〜190では、語幹の母音が判別できるように動詞から [-maq/-mek] をとって表記しています。

（1）受身態動詞を作る語尾

◇ -(-i/-u/-ü)l 、 (-i/-u/-ü)n ：(受身形、自動詞)（〜れる、〜られる）

　語幹に語尾 [- (i/u/ü)l]、[- (i/u/ü)n] を付けて受身態動詞を作ります。自動詞を作る語尾でもあります。

●母音終止語の場合

yasa-	: yasa-l	oqu-	: oqu-l
（作る）	（作られる）	（読む）	（読まれる）
topla-	: topla-n	eyible-	: eyible-n
（積む）	（積まれる）	（叱る）	（叱られる）

例）　Bu　　　kariwat　qeghez-din　yasa-**l**-di.
　　　この　　ベッドは　　紙　　　-から　　作られました。

　　　Akam　　dadam　terep-tin　eyible-**n**-di.　　＊terep-tin（〜の方から）の意味。
　　　兄は　　　父　　　に　　　叱られました。

●子音終止語の場合

yesh-	: yésh-il	kes-	: kés-il
（解く）	（解かれる）	（切る）	（切られる）
kör-	: kör-ün	chal-	: chél-in
（見る）	（見られる）	（弾く）	（弾かれる）

例）　Tes　　　hésab　　yésh-**il**-di.
　　　難しい　　算数が　　解かれました。

　　　U　　　kirish　　bilen　　muzika　　chél-**in**-di.
　　　彼が　　入る（と）共に　　音楽が　　演奏されました。

(2) 使役態動詞を作る語尾

語幹に語尾 [-t]、[-dur/-tur/-dür/-tür]、[-ghuz/-quz/-güz/-küz] を付けて使役態動詞を作ります。同時に他動詞を作る語尾でもあります。

●母音終止語の場合（〜させる）： -t-

yasa- ：yasa-t-		oqu- ：oqu-t-
（作る）（作らせる）		（読む）（読ませる）

例） Etigen-din kech-kiche inglizche oqu-**t**-ti.
　　朝　　-から　晩　　-まで　英語を　　　読ませました。

　　Mé-ni　bek　chöchü-**t**-ti.
　　私 -を　とても　驚かせました。

●子音終止語の場合（〜させる）： -dur-/-tur-/-dür-/-tür- 、 -ghuz-/-quz-/-güz-/-küz

yaz- ：yaz-dur-		ich- ：ich-tür-
（書く）（書かせる）		（飲む）（飲ませる）
mang- ：mang-ghuz-		tep- ：tep-küz-
（歩く）（歩かせる）		（蹴る）（蹴らせる）

例） U　biz-ge　kechürüm　xet(-ni)　yaz-**dur**-di.
　　彼は　私達-に　お詫びの　　手紙(-を)　書かせました。

　　Dadisi　bu bali-gha　kichigi-din　tartip　top　tep-**küz**-di.
　　（彼の）父は　この 子 -に　小さい時-から　ずっと　ボール (-を)　蹴らせました。

(3) 共同態動詞を作る語尾

◇ -(i/u/ü) sh ：（〜し合う）

語幹に [- (i/u/ü) sh] を付けます。二人以上の人が一緒に行動することを表し、「〜し合う」という意味の動詞を作ります。

kör- ：kör-üsh-		oqu- ：oqu-sh-
（見る、会う）（一緒に見る、出会う）		（読む）（一緒に読む）

例） Ular　yol-da　kör-**üsh**-ti.
　　彼らは　道 -で　出会いました。

Men	mu'ellim	bilen	téléfon-da	sözle-**sh**-tim.
私は	先生	と	電話　-で	話し合いました。

（4）可能態動詞を作る語尾

　動詞語幹に可能態動詞語尾 [-(y)alay-/-(y)eley-]、[(y)al-/-(y)el-]、[(y)ala-/-(y)ele-] を付けて「〜できる」という可能の意味を表します。

①可能形肯定文（〜することができる）：-(y)alay-/-(y)eley-

bar-alay-（行ける）	oqu-**yalay**-（読める）	sözli-**yeley**-（話せる）

例）　Men　bu　ish-ni　qil-**alay**-men.
　　　私は　この　仕事-を　することができます。

　　　U　uyghurche　sözli-**yeley**-du.
　　　彼は　ウイグル語が　話せます。

②可能形否定文（〜することができない）：-(y)al-may-/-(y)el-mey-

　可能態動詞を否定するときには、否定の接辞 [-may/-mey] を付けますが、可能形肯定文の [-(y)alay-/-(y)eley-] の終わりの母音 [ay/ey] が脱落して [-(y)al-may-/-(y)el-mey] となります。

例）　Men　bu　ish-ni　qil-**al-may**-men.
　　　私は　この　仕事-が　できません。

　　　U　uyghurchi-ni　sözli-**yel-mey**-du.
　　　彼は　ウイグル語　-が　話せません。

③可能形疑問文（〜することができるか？）：-(y)ala -m- / -(y)ele -m-

　可能態語尾の後に [-m-] を接続します。

例）　U　bu　ish-ni　qil-**ala-m**-du?
　　　彼は　この　仕事-が　できますか？

　　　Siz　uyghurchi-ni　sözli-**yele-m**-siz？
　　　あなたは　ウイグル語　-が　話せますか？

④可能形否定疑問文 (〜することができないか?):-(y)al -ma-m / -(y)el -me-m

動詞の語幹に、まず可能態語尾の最後の母音 [ay/ey] が脱落した [(y) al-/-(y) el-] を、次に否定接辞 [-may/-mey]、その後に疑問接辞 [-m-] を接続します。[-may/-mey] と [-m-] が連続して [-ma-m/-me-m] という形になります。

例)　U　　bu　　ish-ni　　qil-**al-ma-m**-du?
　　　彼は　この　仕事-が　　できませんか?

　　　Siz　　　　uyghurchi-ni　　sözli-**yel-me-m**-siz?
　　　あなたは　ウイグル語 -が　　話せませんか?

<動詞の式範疇>(Péillarning ray katégoriyesi)

動詞の「式の範疇」は話し手の主体的な判断や態度を表す形式です。これは現在ウイグル語分析に使われる用語で、願望式、勧誘式、命令式、要求式、条件式などと分類します。ムードやモダリティと呼ばれる表現方法と重なっています。本書では、「動詞語幹＋接辞」の表現の中の主観的判断が表に出てくるものを「式の範疇」として、意志式、勧誘式、命令式、要求式、否定式、禁止式などをとりあげておきます。

(1) 意志・願望 (〜しよう、〜したい):-y/-ay/-ey

1人称の単数に用いられ、意志・願望を示します。

yaz-　:yaz-ay	oqu-　:oq -ay	
(書く)　(書こう)	(読む)　(読もう)	uは脱落する*
uxla-　:uxla-y	sözle-　:sözle-y	
(寝る)　(寝よう)	(話す)　(話そう)	

*母音が重なるのを避ける現象です

例)　Men　tarix　kitab-ni　oq-**ay**.
　　　私は　歴史　書　 -を　読みたい。

　　　Su　ich-**ey**.
　　　水を　飲もう。

> **便利**　「〜したい」「〜と思う」という表現は、文末に [deymen (私は思う)] を付けても表せます。
>
> 　　　Siz　bilen　bir　körüsh-ey　**deymen**.
> 　　　あなた　と　　一度　会いたいと　思います。
>
> 　　　U　　oqughuchighu　　**deymen**.
> 　　　彼は　学生　　　　　だと　　思う。

(2) 勧誘（〜しよう、〜やろう）： **-yli/-ayli/-eyli**

1人称の複数に用いられ、勧誘を表します。間接要求の意味になることもあります。

yaz-	： yaz-ayli	oqu-	： oq‑ayli	
（書く）	（書こう）	（読む）	（読もう）	u は脱落する
uxla-	： uxla-yli	sözle-	： sözle-yli	
（寝る）	（寝よう）	（話す）	（話そう）	

例） Biz　　　 kitab　　 oq-**ayli**.
　　 私達は　　本 (-を)　 読もう。

　　 Uning-gha　　xet　　　 yaz-**ayli**.
　　 彼-に　　　　手紙 (-を)　書こう。

(3) 命令

① 軽い命令（〜して）： **-ghin/-qin/-gin/-kin**

2人称の単数に用いられ、軽い命令を表します。

yaz-	： yaz-ghin	oqu-	： oqu-ghin
（書く）	（書きなさい）	（読む）	（読みなさい）
sözle-	： sözli-gin	ket-	： ket-kin
（話す）	（話しなさい）	（帰る）	（帰りなさい）

例） Olturup　　 kitab　　 kör-**gin**.
　　 座って　　　本 (-を)　見なさい。

　　 Yiraq　　yer-ge　　ket-mi-**gin**.
　　 遠い　　　場所-へ　行かないで。

② 丁寧な命令（〜しなさい、〜してください）： **-ng/-ing/-ung/-üng**

単数に用いられ、丁寧な命令を表します。日本語の「〜しなさい」の丁寧な言い方で、「〜してください」に相当します。後に [-lar] を付けると、複数形となります。

yaz-	： yéz-ing	oqu-	： oqu-ng
（書く）	（書きなさい）	（読む）	（読みなさい）
ket-	： két-ing-lar	yasa-	： yasa-ng-lar
（帰る）	（皆帰りなさい）	（作る）	（皆作りなさい）

例） Tapshuruq-ni　 téz　 yéz-**ing**.
　　 宿題　　　　　-を　早く　書きなさい。

Yamghur	yaghidu,	siler	baldur	két-**ing-lar**.
雨が	降ります、	君達は	早めに	帰りなさい。

（4）要求・願望（〜してもらいたい、〜させよう）： -sun

3人称に対する要求、願望、命令を表します。第三者がその行動をするのが良い、望ましいという表現から「〜させよう」という意味にもなります。

yaz-	: yaz-sun	oqu-	: oqu-sun
（書く）	（彼に書かせる）	（読む）	（彼に読ませる）
	（彼に書かせよう）		（彼に読ませよう）

例）
U	gézit-ni	rawan	oqu-**sun**.
彼に	新聞 -を	流暢-に	読んでもらいたい。

Ular	özi	ügen-**sun**.
彼らに	自分で	勉強させるのがよい。

（5）否定

◇ -may/-mey ：〜しない、〜しません

「現在形否定文」（➡ P.177参照）で触れたように、語幹に否定接辞［-may/-mey］を付けると、現在形の否定になります。

yaz-	: yaz-may-men	oqu-	: oqu-may-men
（書く）	（私は書かない）	（読む）	（私は読まない）

例）
Men	soghaq	su-ni	ich-**mey**-men.
私は	冷たい	水 -を	飲みません。

例）
U	achchiq	nerse	yé-**mey**-du.
彼は	辛い	もの（を）	食べません。

◇ -mas/-mes ：〜しないだろう、〜しないでしょう

これも否定接辞で、未完成の動作の否定に用いられます。基本は連体用法ですが、終止形にも用いられます。

yaz-	: yaz-mas	oqu-	: oqu-mas
（書く）	（書かない（でしょう））	（読む）	（読まない（でしょう））

例）
Tapshuruq	yaz-**mas**	bala.
勉強	しない	子供。

Bügün	qar	yagh-**mas.**	
今日	雪は	降らないでしょう。	

U	qiz	sözli-**mes**	bolup qaldi.
あの	女の子は	話さなく	なりました。

（6）禁止

① 丁寧な禁止（〜しないでください）：`-mang/-meng` 、（複数形の場合 + `-lar` ）

2人称に用います。複数形の場合は［-mang/-meng］の後に［-lar］を付けます。

yaz-	: yaz-mang	oqu-	: oqu-mang
（書く）	（書かないでください）	（読む）	（読まないでください）
bar-	: bar-mang-lar	kör-	: kör-meng-lar
（行く）	（行かないでください）	（見る）	（見ないでください）

例）　Tam-gha　　xet　　**yaz-mang.**
　　　壁　-に　　　字（を）　　書かないでください。

　　　Mektep-ke　　kéchik-**meng.**
　　　学校　　-に　　遅刻しないでください。

　　　Siler　　kütüpxani-da　　chong　awaz-da　　sözli-**meng-lar.**
　　　君達は　　図書館　　-で　　大きい　声　-で　　話さないでください。

② ぞんざいな禁止（〜するな）：`-ma/-me`

［-ma/-me］は、ぞんざいな禁止を表します。

yaz-ma （書くな）	oqu-ma （読むな）
kör-me （見るな）	sözli-me （話すな）

例）　Qish-ta　　soghaq　　süt-ni　　ich-**me.**
　　　冬　-は　　冷たい　　ミルク-を　　飲むな。

　　　Sen　　bügün　　kel-**me.**
　　　君は　　今日　　来るな。

6 接辞 (Qoshumchilar)

　動詞に接続して、色々な意味を添える品詞で、日本語の助動詞とよく似た働きをします。動詞と名詞の両方に接続するもの（-giche、-dekなど）もありますが、名詞に接続するものは「助詞」とし、動詞に接続するものは「接辞」とします。

◎動名詞を作る接辞

　動名詞は、動詞を名詞に変えるもので、日本語の「〜すること」を意味します。

◇ -maq/-mek ：(〜すること)

　動名詞形で基本形でもあります。動詞的性格を残しているので、「動名詞」と呼びます。辞書ではこの形を使います。日本語では「〜すること」に相当します。

> yaz-maq（書くこと）　　　　　oqu-maq（読むこと）
>
> yé-mek（食べること）　　　　　kör-mek（見ること）

例) **Tagh-qa　chiq-maq** tes,　**chüsh-mek**　asan.
　　山　-へ　　登る -ことは　難しい、　下山　-することは　簡単。

◇ -sh/-ish/-ush/-üsh ：(〜こと)

　上の［-maq/-mek］と同じように「〜すること」の意味ですが、こちらは完全に名詞になります。「所有人称語尾」(➡ P.160参照) が接続します。

> yéz-ish（書くこと）　　　　　oqu-sh（読むこと）
>
> bér-ish（あげること）　　　　ur-ush（殴ること、戦争すること）

例) **Azat**　inglizche **oq-ush** we **yéz-ish**-qa usta.
　　アザットは　英語を　読む -こと　と　書く -こと-が　上手です。

◎形動詞を作る接辞

　形動詞は、動詞語幹に形動詞接辞が付いて形容詞の働きをするようになったものです。

(1) 存在過去形（〜した○○）： -ghan/-qan/-gen/-ken

　「存在過去形」(➡ P.181参照) と同じものですが、これは連体修飾語となる用法です。「〜

した○○」という用法が本来の使い方ですが、現在では「過去形」として文を終える使い方もされています。

---

yaz-ghan kitab（書いた本）　　oqu-ghan adem（読んだ人）

yat-qan kishi（寝た人）　　ket-ken mashina（行った車）

例）　Bu　　bultur　　kör-**gen**　　kino.
　　　これは　昨年　　観 -た　　映画です。

　　　Awu　　kishi　　mukapat　　al-**ghan**　　kishi.
　　　あの　　人は　　賞（-を）　　取った　　人です。

　　　U　　bar-**ghan**　　sayahet orun.
　　　彼が　行っ-た　　　観光地。

（2）現在−未来形

◇ -ydighan/-idighan ：（これから〜する○○）

　動詞語幹に［-yidighan/-idighan］の接辞を付けて、現在や将来の行為を示す連体修飾語を作ります。（1）の［-ghan/-qan/-gen/-ken］の現在形に当たります。

---

yaz-idighan maqale（書く論文）　　　　oqu-ydighan kitab（読む本）

oyla-ydighan mesile（考える問題）　　　bar-idighan öy（行く家）

例）　Yer shari kélimati,　biz　　yashlar　　oyla-**ydighan**　　mesile.
　　　地球気候は　　　　　私達　若者が　　考える　　　　　問題です。

　　　Bu,　　balam　　　bar-**idighan**　　mektep.
　　　これは　息子（私の）が　行く　　　　学校です。

◇ -ar/-er/-r ：（〜するだろう○○）

　「未来形」（➡ P.182参照）と同じ接辞です。形動詞としても用いられますが、古い言い方で、 下記のような固定した表現に使われます。

　　例）　uch-**ar** qush　　　　　aq-**ar** yultuz
　　　　　飛ぶ　　鳥　　　　　　流れる　星

（3）進行形（〜している○○）： -watqan/-iwatqan/-uwatqan/-üwatqan

　「動詞（5）進行形」（➡ P.182参照）で触れたものです。

---

yéz-iwatqan adem（書いている人）　　　oqu-watqan adem（読んでいる人）

uch-uwatqan ayropilan（飛んでいる飛行機）　yügür-üwatqan bala（走っている子供）

例) Chet'el-din kél-**iwatqan** mihmanlar-ni qizghin qarshi alayli.
　　海外　-から　きている　　　お客さん　-を　熱く　歓迎　　しましょう。

　　Meydan-da yügür-**üwatqan** putbolchilar.
　　グラウンド-で　走っている　　サッカー選手ら。

◎副動詞を作る接辞

　副動詞は動詞語幹に接辞が付いて、動作・行為が次の句につながっていくことを示す連用句を作ります。(1)「状態副動詞」、(2)「限界副動詞」、(3)「連動副動詞」、(4)「原因副動詞」、(5)「目的副動詞」、(6)「進捗副動詞」(7)「条件副動詞」などに分けられます。

(1) 状態副動詞： `-p/-ip/-up/-üp`

　動詞語幹に接辞の[-p/-ip/-up/-üp]が接続した形です。動作が行われて、次に何かが起こることを示します。日本語の「書いて」「言って」と同じように「〜して」の意味を表します。この後に「〜して・しまいました」の「しまいました」のような補助動詞が付くのも日本語と同じです。

yéz-ip（書い-て）	oqu-p（読ん-で）
qara-p（見-て）	chiq-ip（出-て）
tur-up（立って）	chüsh-üp（下がっ-て）

例) Men öy-din chiq-**ip** kinoxani-gha bardim.
　　私は　家 -から　出　-て、　映画館　-に　　行きました。

　　Hawa tutul-**up** yamghur yéghish-qa bashlidi.
　　天気が　曇っ -て　　雨が　　降り始めました。

●否定形式（〜せずに）： `-may/-mey`

　「否定」(➡P.189参照) の接辞と同じものです。語幹に[-may/-mey]を付けて、日本語の「〜せずに」の意味を表します。

yaz-may（書かずに）	oqu-may（読まずに）
üz-mey（採らずに）	ber-mey（あげずに）

例) U kündilik xatiri-ni **yaz-may** uxlap qaldi.
　　彼は　日記　　　-を　書かずに　寝て　しまいました。

Bu	körgezmi-ni	kör-**mey**	ketti.
この	展示会 -を	見ずに	帰りました。

(2) 限界副動詞（〜まで）： -ghiche/-qiche/-giche/-kiche

　動詞語幹に接辞［-ghiche/-qiche/-giche/-kiche］を付けて、行為と動作の時間や範囲の限界を表します。「限界格」（➡ P.171参照）の［-ghiche］と同じものですが、動詞に接続するので接辞にも挙げておきます。

yaz-ghiche（書く-まで）	oqu-ghiche（読む-まで）
sat-qiche（売る-まで）	al-ghiche（取る-まで）
kör-giche（見る-まで）	ket-kiche（帰る-まで）

例）
U	ket-**kiche**	qaytip	kélimen.
彼が	帰る-までに	戻って	きます。

Biz	kel-**giche**	mashina	saqlap	turuptu.
私達が	来る-まで	車が	待って	いました。

(3) 連動副動詞（〜しながら）： -ghach/-qach/-gech/-kech

　動詞語幹に接辞［-ghach/-qach/-gech/-kech］を付けて、「〜しながら」の意味の句を作ります。ある動作をすると同時にもう一つの動作をすることを表します。

yaz-ghach（書き-ながら）	oqu-ghach（読み-ながら）
ach-qach（開き-ながら）	ishli-gech（仕事し-ながら）
kör-gech（見-ながら）	ket-kech（行き-ながら）

例）
Sen	ishli-**gech**	turup tur,	men	bir	sa'et-tin	kéyin	barimen.
君は	仕事し-ながら	待っていて、	私は	1	時間	後-に	行きます。

Men	bu	so'al-ni	sori-**ghach**,	jawabi-ni	yazdim.
私は	この	質問 -を	聞き-ながら、	答え -を	書きました。

(4) 原因副動詞（〜したから、〜したので）： -ghachqa/-qachqa/-gechke/-kechke

　動詞語幹に付けて、「〜したから、〜したので」の意味を表します。ある動作が発生した原因や理由を示します。

yaz-ghachqa（書いた-から）	oqu-ghachqa（読んだ-から）
bar-ghachqa（行った-から）	tap-qachqa（探した-から）
ber-gechke（あげた-から）	ket-kechke（帰った-から）

例) Biz chet'el-ge köp bar-**ghachqa** temtirmeymiz.
　　私達は 海外 -に 多く 行った-から 緊張しません。

　　Men uqturush ewet-**kechke**, ular yighin-gha qatnashti.
　　私は 知らせ -を 送った-ので、 彼らは 会議 -に 参加しました。

(5) 目的副動詞（〜をしに、〜のために）： -ghili/-qili/-gili/-kili

動詞語幹に［-ghili/-qili/-gili/-kili］を付けて、「〜をしに」「〜のために」の意味を表します。

yaz-ghili（書く-ために／書きに）	oqu-ghili（読む-ために／読みに）
al-ghili（取る-ために／取りに）	yat-qili（寝る-ために／寝に）
sözli-gili（話す-ために／話しに）	ket-kili（帰る-ために／帰りに）

例) Ular lughet-ni al-**ghili** ketti.
　　彼らは 辞書 -を 買い-に 行きました。

　　Ular kino-ni kör-**gili** öy-din chiqti.
　　彼らは 映画 -を 観 -に 家 -を 出ました。

◇ bol- ：可能形（〜することができる）

［bol-maq（なる、起こる）］を後に加えると可能の意味を表します。

yaz-ghili bol-idu（書くことができる）	oqu-ghili bol-idu（読むことができる）
kör-gili bol-idu（見ることができる）	sözli-gili bol-idu（話すことができる）

例) Bu köl-de su üz-**gili** **bol**-idu.
　　この 池 -で 水泳する-ことができます。

　　Bu méwi-ni yé-**gili** **bol**-idu.
　　この 果物 -を 食べる-ことができます。
　　　　（は）

(6) 進捗副動詞（〜すればするほど）： -séri

動詞語幹に過去の接辞［-ghan/-qan/-gen/-ken］を接続させ、その後にさらに［-séri］を加えると、「〜するほど」という意味になります。物事が繰り返すたびに何らかの性質や状態が加わっていくことを表します。接辞が2つ続くことになります。

yaz-ghan-séri（書けば書くほど）	oqu-ghan-séri（読めば読むほど）
kör-gen-séri（見れば見るほど）	tap-qan-séri（稼げば稼ぐほど）

例） Mashina　mang-**ghan-séri**,　tézlishidu.
　　車は　　　　走れば走るほど、　　早くなります。

　　Ügen-**gen-séri**　　eqilliq　　bolidu.
　　勉強すればするほど　　聡明に　　なります。

(7) 条件副動詞（〜なら、〜したら）：-sa/-se

　「(3) 過去・条件人称語尾／ (b) 条件を表す語尾 (➡ P.163参照)」で触れた [-sa/-se]
です。動詞の語幹に付けて、動作の仮定あるいは条件を表します。

yaz-　：yaz-sa	oqu-　：oqu-sa
（書く）　（書けば）	（読む）　（読めば）
ket-　：ket-se	söz-　：sözli-se
（帰る）　（帰れば）	（話す）　（話せば）

例） Men　qatnash-**sa**-m,　　u　　qatnashmaydu.
　　私が　参加　　-したら、　彼が　参加しない。

　　U　　yé-**se**,　　　men-mu　yeymen.
　　彼が　食べる-なら、　私　-も　　食べます。

> ◎その他の接辞

◇ **-maqchi/-mekchi**：（〜するつもりです）

　動詞語幹に [-maqchi/-mekchi] を付けて将来行われる予定を表します。人称接辞
を付けると、強調する働きをします。日本語の「〜するつもりです」に相当します。
文末に用いるのが普通です。

kir-mekchi（入るつもりだ）	oqu-maqchi（読むつもりだ）
yaz-maqchi（書くつもりだ）	sözli-mekchi（話すつもりだ）

例） Men　Kyoto-gha　　bar-**maqchi**（men）.
　　私は　京都　-へ　　行く-つもりです。

　　Sen　kim　bilen　bar-**maqchi**（sen）？
　　君は　誰　と　　行く-つもりですか？

● **idi**：過去形式（〜するつもりでした）

　[-maqchi/-mekchi] の後に [idi] を加えると、日本語の「〜するつもりでした」
に相当します。(➡ P.202「存在詞・判断詞 (2)」参照)

196

```
yaz-maqchi idi （書くつもりでした）        oqu-maqchi idi （読むつもりでした）
```

例）　Men　　Tokyo-gha　　bar-**maqchi**　　**idi**-m.
　　　私は　　東京　 -へ　　行く-つもり　　でした。

　　　Ular　　konsért-qa　　bar-**maqchi**　　**idi**.
　　　彼らは　コンサート-に　行く-つもり　　でした。

● `-bol-`：連体形として使う場合

　［-maqchi/-mekchi］の後に［-bol-］を付けて、連体形として用いることができます。

例）　Fransiye-ge　　bar-**maqchi bol**ghan　　bala.
　　　フランス　-へ　　行く-つもりでいる　　　子供。

　　　Ular　bilen　　kör-**mekchi bol**ghan　　kino.
　　　彼ら　と　　　観るつもりだった　　　映画。

◇ `-maqta/-mekte`：（〜している）

　長期間の現在進行形とし、動作が長く続いていることを表します。文章語的表現で、3人称に使用することが多いです。

```
yaz-maqta （書いている）        oqu-maqta （読んでいる）
et-mekte （作っている）         sözli-mekte （話している）
```

例）　Balam-ning　oqushi　　barghan-séri　　yaxshilan-**maqta**.
　　　息子（私の）-の　勉強は　　すればするほど　良くなっています。

　　　Waqit　　nahayiti　　téz　　öt-**mekte**.
　　　時間は　　非常に　　早く　　過ぎています。

◇ `-mastin/-mestin`：（〜せず、〜せずに）

　［-mastin/-mestin］は否定接辞［-mas/-mes］と助詞［-tin（から）］で構成された接辞で、ある動作をしないだけでなく、他の動作・行為をしていることを表現します。

```
yaz-mastin （書かず）          oqu-mastin （読まず）
kes-mestin （切らず）          sözli-mestin （話さず）
```

例）　U　　　tapshuruq-ni　　yaz-**mastin**　　oynap　　yüridu.
　　　彼は　　宿題　　 -を　　書かずに　　　遊んで　　います。

　　　Men　héchnéme　　dé-**mestin**　　olturdum.
　　　私は　何も　　　　言わず　　　　座っていました。

◇ **-wet-** ：（〜してしまう）

yézi-wet（書いてしまう）	oqu-wet（読んでしまう）
ichi-wet（飲んでしまう）	ye-wet（食べてしまう）

例）
Men	anam-ni	körüpla	yéghli-**wet**-tim.
私は	母（私の）-を	見て	泣いてしまいました。

Waqit	yoq,	téz	ye-**wet**.
時間が	ない、	早く	食べてしまって。

◇ **-ptu/-iptu/-uptu/-üptu** ：（〜だったそうだ、しまった）**過去の間接的認識**

① 3 人称に使われ、過去行われた動作に対する間接的な情報及び後で知られた認識を表します。

yéz-iptu（書いたそうだ）	oqu-ptu（読んだそうだ）
bol-uptu（なったそうだ）	kör-üptu（見たそうだ）

例）
U	semirip	két-**iptu**.
彼は	太った	そうです。

Méhmanlar	wagzal-gha	yétip	ke-**ptu**.
お客さん達は	ターミナル-に	到着したそうです。	

② 完了にも用いられ、残念や悔しいといった感情を表します。

例）
Ana	qizi	bilen	urushup	qa-**ptu**.
母は	娘	と	喧嘩して	しまいました。

Tapshuruq-ni	untup	qa-**ptu**.
宿題	-を	忘れて	しまいました。

◇ **-wal** ：（〜しておいて、〜しておいた）

一つの事態が出現する前に、ある動作をしておくことを表します。また、ある行為動作の結果を強調する場合もあります。

yézi-wal（書いておいて／書いておいた）	oqu-wal（読んでおいて／読んでおいた）
sürt-wal（拭いておいて／拭いておいた）	sözli-wal（話しておいて／話しておいた）

例）
Men	bir	ayagh	séti-**wal**-dim.
私は	一足の	靴を	買っておきました。

Imtihan	aldi-da	bu	kitab-ni	oqu-**wal**.
試験	前 -に	この	本 -を	読んでおいて（君は）。

7 補助動詞（Yardemche péil）

　動詞の副動詞形（［-p］が付いた形（➡ P.193「副動詞を作る接辞」参照））の後に付いて、動作の様子を補う動詞です。もとの動詞の意味は薄くなります。日本語の「〜してしまう」、「〜してみる」、「〜してやる」、「〜し続ける」などに当たります。

◇ tur- ：（立つ） →　〜している、〜し続ける

yéz-ip tur-（書いている）	oqu-p tur-（読んでいる）
qara-p tur-（監視している）	ishle-p tur-（仕事している）

例）
Men	etigen	tur-ghiche	tamaq-ni	ét-ip	**tur**-ung.
私が	朝	起きる-までに	食事 -を	作って	いてください。

Men	ete	mektep-ke	baldur	bér-ip	**tur**-imen.
私は	明日	学校 -に	先に	行って	います。

◇ baq- ：（見る）→　〜してみる

yéz-ip baq-（書いてみる）	oqu-p baq-（読んでみる）
sina-p baq-（試してみる）	kör-üp baq-（見てみる）

例）
Sen	qil-ip	**baq**.		Men	sina-p	**baq**-imen.
君が	やって	みて。		私が	試して	みます。

◇ qoy- ：（置く、任ずる、放つ）→　〜しておく

yéz-ip qoy-（書いておく）	oqu-p qoy-（読んでおく）
tar-ap qoy-（梳かしておく）	siz-ip qoy-（描いておく）

例）
U	öy-de	yoq	iken,	xet	yéz-ip	**qoy**-ung.
彼は	家-に	いない	ようです、	手紙を	書いて	おいてください。

◇ **bol-** ：（なる）→　〜し終える

yéz-ip bol-（書き終える）	oqu-p bol-（読み終える）
yas-ap bol-（修理し終える）	ich-ip bol-（飲み干す）

例）　Bu　　　süt-ni　　　ich-ip　**bol**.
　　　この　　ミルク-を　　飲み　干して（あなた）。

◇ **kel-** ：（来る）→　〜してくる

yéz-ip kel-（書いてくる）	oqu-p kel-（読んでくる）
sétip kel-（売ってくる）	méng-ip kel-（歩いてくる）

例）　Singlingiz　　bilen　　baghchi-da　　méng-ip　**kél**-ing.
　　　妹（あなたの）　と　　公園　　-で　　歩いて　きてください。
　　　　　　　　　　　　　　　　　（を）

◇ **ber-** ：（あげる・くれる）→　〜してやる、〜してくれる

yéz-ip ber-（書いてくれる／書いてもらう）	oqu-p ber-（読んでくれる／読んでもらう）
kés-ip ber-（切ってくれる／切ってもらう）	ölche-p ber-（測ってくれる／測ってもらう）

例）　Nan-ni　　　kés-ip　**ber**.
　　　ナン-を　　切って　くれ（あなた）。

　　　Bu yer-ge　　imza-ni　　qoyup　**bér**-ing.
　　　ここ　　-に　　サイン-を　　して　　ください（あなた）。

◇ **chiq-** ：（出る、上がる）→　〜上げる、〜だす

yéz-ip chiq-（書き上げる）	oqu-p chiq-（読み上げる）
yasa-p chiq-（作り上げる）	oyla-p chiq-（考えだす）

例）　Yaxshi　　pilan-ni　　oyla-p　**chiq**-tim.
　　　いい　　　計画-を　　考え　だしました。

8 存在詞・判断詞 (Mewjutluq söz・Hökümlük söz)

◎**存在詞**

「存在詞」は、存在・非存在、否定に当たる表現で、[bar（ある）]、[yoq（ない）]、[emes（ではない）] を指します。文末で独立した形で使用されます。

◇ **bar** 、**yoq**：存在・非存在を表す（〜ある、〜ない）

例）　Men-de　　bélet　　　**bar**.
　　　私　-に　　チケットは　あります。

　　　Sinip-ta　　balilar　　**yoq**.
　　　教室 -に　　子供達は　　いません。

◇ **emes**：否定を表す（〜ではない）

例）　Bu　　　yaxshi　　marka　　**emes**.
　　　これは　いい　　　ブランド　ではありません。

　　　Men　　bar-may-men　**emes**,　　　bar-al-may-men.
　　　私は　　行かない　　　のではなく、　行けないのです。

◎**判断詞**

「判断詞」も文の末尾に来て、強調や推量などの判断を表します。

独立詞として、前の語と離して書かれるもの（分綴するもの）、前の語につなげて書くもの（連綴するもの）、分綴、連綴の両方の形式を持つものがあります。意味的には「式動詞」と連続していますが、文末に用いられるものなので、別の分類にします。

（1）分綴するもの
◇ **mikin**：推測（〜かもしれない）

例）　U　　　mu'ellim　　**mikin**.
　　　彼は　　先生　　　　かもしれない。

　　　Bu　　　u-ning　　kitabi　　**mikin**.
　　　これは　彼-の　　本　　　　かな。

◇ **mumkin**：可能、推量（〜かもしれない）

例） U doxtur bolushi **mumkin**.
彼は 医者に なる かもしれません。

Siz imtihan-din ötüshingiz **mumkin**.
あなたは 試験 -に 合格する かもしれません。

（2）分綴と連綴の両方があるもの

◇ **idi**：強調、断定（〜でした、〜していた）

はっきりとした過去を表します。

例） U oqughuchi **idi**. ………… （分綴）
彼女は 学生 でした。

U yasi-ghan **idi**. ………… （分綴）
彼は 作 -った のだ。

Men bu kino-ni kör-gen-**tim**. ………… （連綴）
私は この 映画-を 観 -た -のだ。

＊①人称語尾[m]が付いて［idi-m］となり、
②[i]が脱落し、濁音の[d]が清音の[t]に変わります。
口語でよく使われます。

◇ **iken**：間接的情報（〜だそうだ、〜のようだ）

人称語尾が付く場合もあります。

例） U-ning öyi yiraq **iken**. ………… （分綴）
彼 -の 家は 遠い そうです。

Siz tamaq-qa usta-**ken**-siz. ………… （連綴）
あなたは 料理 -が 上手な-ようです。（様子）

＊[i]が脱落します。

◇ **imish/-mish**：推量（かもしれない、〜かな）

例） Bügün-ki kino bek yaxshi **imish**. ……………… （分綴）
今日 -の 映画は とても 良い そうです。

U ete siz bilen körüsh-mekchi-**mish**. …………… （連綴）
彼は 明日 あなた と 会うつもりのようです。

［dek］と ［mish］が 一緒に使われることもあります。

例） U-ning yéshi ottuz **dekmish**.
彼-の 年は 30（才） らしい。

202

（3）連綴するもの

◇ -mu ：疑問を表す判断詞（〜か）

文末に来て疑問文を作ります。

例）

Siz	ete	bazar-gha	bar-isiz-**mu**?	（bar-am-siz? と同じ）
あなたは	明日	市場 -へ	行きます-か？	

U	oqushi	kérek-**mu**?
彼は	勉強す	べきです-か？

Bu	kitab-**mu**?
これは	本です-か？

◇ -dur/-tur ：強調（〜である）

例）

U	oqughuchi-**dur**.
彼は	学生　　　　-である。

Biz-ning	meqsitimiz	utush-**tur**.
我々-の	目的は	勝つこと -である。

◇ -dek/tek ：様態（〜のようである）

助詞の［dek/tek］（➡ P.172「副助詞」参照）と同じものですが、文末に来て、「〜のようだ」という表現にもなります。

例）

U-ning	dadisi	doxtur-**dek**.
彼の	父は	医者　　-のようです。

U	siz-ni	exmeq	qil-iptu-**dek**.
彼は	あなた-を	馬鹿に	した　　-そうだ。

（4）他の品詞が判断詞として用いられるもの

名詞や形容詞が文末に用いられて、判断詞的に用いられるものがあります。

◇ lazim 、 kérek ：必要・当然を表す（〜すべきである、〜必要である）

例）

Biz	tiriship	ügünishimiz	**lazim**.
私達は	努力して	勉強	すべきです。

Yer tewrigen	dölet-ke	yardem	**kérek**.
地震が起きた	国　-に	援助が	必要です。

9 形容詞 (Süpet)

　ウイグル語の形容詞は日本語と同じく、物の様子や状態、性質、人の感情を表します。日本語と異なるのは、そのまま名詞にも副詞にも用いられる点です。

◎単純形容詞

qara（黒い）	oruq（細い）	güzel（美しい）	igiz（高い）
kök（青い）	tom（太い）	set（醜い）	pakar（低い）
chong（大きい）	inchike（細い）	yéngi（新しい）	pes（低い）
yoghan（大きい）	yaxshi（良い）	kona（古い）	qimmet（貴い）
kichik（小さい）	eski（悪い）	keng（広い）	erzan（安い）
uzun（長い）	baldur（早い）	tar（狭い）	xushal（嬉しい）
qisqa（短い）	téz（速い）	pixsiq/pishshiq（けちな）	échinishliq（悲惨な）
sémiz（太い）	asta（遅い）	qistaq（狭い、窮屈な）	qayghuluq（悲しい）

など

◎形容詞に付ける小辞

形容詞にさまざまな小辞が付いて、繊細な意味を表せます。

◇ **-raq/-rek**：（より〜、少し〜、ちょっと〜）

形容詞の後ろに付けて使います。

güzel-rek（より美しい）	yéngi-raq（より新しい）
keng-rek（より広い）	yaxshi-raq（より良い）
yoghan-raq（より大きい）	igiz-rek（より高い）

◇ **-ish/-ush/-üsh** 、 **-mtul**：（〜っぽい）

形容詞の後ろに付けて使います。色について使われることが多いです。

aq-ush（白っぽい）	kök-üsh（青っぽい）	qara-mtul（黒っぽい）

◇ （形容詞）+ **-p** +（形容詞）：強調形

同じ形容詞を2回使い、間に［-p］を挿入して強調を表します。ひとつめの形容詞は第一音節だけを用います。

　例）　qi-**p**-qizil（真っ赤）　　　　tü-**p**-tüz（まっすぐ）　　　　qa-**p**-qara（真っ黒）

◎ 名詞に付ける小辞

名詞に小辞を付けて形容詞を作ることができます。

◇ -liq/-lik/-luq/-lük ：（〜の）

時間名詞と名詞の語尾に付けて、形容詞的な語を作ります。

例） amériki-**liq** bala（アメリカの子供）　　etigen-**lik** tamaq（朝 (-の) ごはん）

　　tuz-**luq** su（しょっぱい水）　　　　　küz-**lük** térilghu（秋の穀物）

便利　この [-liq/-lik/-luq/-lük] は、形容詞を名詞化することもできます。

kemter（謙虚な）　　　→ kemter-lik（謙虚）

adil（公正な）　　　　→ adil-liq（公正）

この小辞は、動詞句を名詞句にする働きもあります。

bar-maq（行く）　　　→ bar-idighan-liq（行くこと）

untu-maq（忘れる）　　→ untup qalghan-liq（忘れてしまうこと）

たいへん活躍する小辞です。

◇ -siz ：（〜のない○○、〜がない○○）

[-siz（〜ない）] という語尾を付けて、「それがない○○」という語を作ります。

例） jan-**siz** adem（無力な人）　　　　　qanun-**siz** herket（無法な活動）

　　chek-**siz** alem（無限の宇宙）　　　　su-**siz** yer（水のない土地）

　　tem-**siz** tamaq（味のない食事）　　　meydan-**siz** adem（立場のない人）

◇ -qhi/-qi/-gi/-ki ： 時間について（〜の）

時間名詞の語尾に付けて、形容詞的な語を作ります。

例） hazir-**qi**　zaman,　　bügün-**ki**　ish.
　　現在 -の　時代、　　　今日　-の　事。

10 副詞 (Rewish)

　副詞は主に動詞と形容詞を修飾するもので、日本語の副詞と同じです。ウイグル語では、(1)「状態の副詞」、(2)「時間の副詞」、(3)「程度の副詞」、(4)「量的副詞」、などに分けられます。日本語と同じように区別の難しいものが多く、仮の分類です。

(1) 状態の副詞

tuyuqsiz（突然）	aran（ぎりぎり）	birdinla（いきなり）
qesten（故意に）	téz（早く）	özligidin（勝手に）
alahide（特別に）	asta（ゆっくり）	baturlarche（勇敢に）
estayidil（まじめに）	bille（一緒に）	など

例） U　　tagh-din　**téz**　qaytip　kélidu.
　　 彼は　山 -から　早く　戻って　きます。

　　 Hawa　**tuyuqsiz**　özgirip　ketti.
　　 天気は　突然　　　変わって　しまいました。

(2) 時間副詞

héli（先ほど）	bezide（時々）	burun（以前）
awal（まず）	baldur（早く）	menggü（永遠に）
da'im（常に）	derhal（すぐに）	adette（通常）
téxi（まだ）	emdi（現在、今）	waqtinche（一時的）　など

例） Ular　**héli**　keldi.
　　 彼らは　先ほど　来ました。

　　 Awal　oylap,　andin　sözle.
　　 まず　　考えて、　それから　話せ。

(3) 程度・強調の副詞

bek（とても）	nahayiti（非常に）	hergiz（決して）
bekmu（格別に）	ajayip（すごい）	zadi（絶対、全く）
eng（最も）	jezmen（きっと）	elwette（当然）
peqet（全く）	choqum（必ず）	ejep（大変）　　など

例) U   qiz   resim-ni   **bek**   chirayliq   sizidu.
　　その娘は　絵　-を　とても　美しく　　　描きます。

Tursun-ning   netijisi   **eng**   yaxshi.
トルソン-の　　成績は　　最も　良い。

（4）量的副詞

量的副詞はほとんどが形容詞の副詞用法です。

az（少ない、ちょっと）　　　nurghun（多い、たくさん）　　bir talay（いっぱい）

bir az（少し）　　　　　　　talay（多い、たくさん）　　　qisqiche（短く、簡潔に）

köp（多い、たくさん）　　　jiq（大量、たくさん）　　　　　　　　　など

例) U   yighin-da   **az**   sözlidi.
　　彼は　会議　-で　少し　話しました。

Biz   **köp**   paranglashtuq.
私達は　　たくさん　話し合いました。

11 語気詞（Imliq söz）

文末や句末に付けて気持ちを表します。

◇ **-de** ： 語気を強め、念を押す

動詞の後ろに付けて、強調の意味を表します。

例) Chaqmaq chiqsa,   emdi   yamghur   yaghidu-**de**.
　　雷がなったら、　　　今度は　雨が　　　降る　　-よ。

◇ **-ghu/-qu** ：相手に同意を求める（〜でしょう、〜よね）

例) Siz   ular-din   chong-**ghu**!
　　あなたは　彼ら -より　年上　-でしょう！

Biz-mu   barduq-**qu**!
私達 -も　行った　-でしょう！

◇ **-he** ：喜びを表す（〜ね）

例） Biz   bek-mu   bexitlik-**he!**
     私達は   とても   幸せ   -ね！

◇ **-chu** ：（〜は、〜はね）：前に出た語を繰り返す場合と相手に何らかの配慮をした場合

例） U   Uyghur,   siz-**chu**?
     彼は   ウイグル族、   あなた-は？

     Men-**chu**,   bu   ish-ni   burunla   bilgen.
     私 -はね、   この   事 -を   既に   知っていました。

◇ **-e** ：（〜しろよ、〜やれ）の意味に相当

乱暴な語気を表します。主に命令形で用います。

yaz ：yaz-e		oqu ：oq -e	
（書く） （書け）		（読む） （読め）	uは脱落する

例） Téz   mang-**e**,   kech   bolup   ketti.
     早く   歩けよ、   夜に   なって   しまうだろ。

     Bu yer-ge   kél-**e**.
     ここ   -に   来いよ。

12 接続詞 （Baghlighuchi）

前後の語、句、節、文、段落などをつなげてその関係を示す品詞の一つです。主に (1)「並列接続詞」、(2)「選択接続詞」、(3)「原因接続詞」、(4)「逆接接続詞」、(5)「条件接続詞」があります。

（1）並列接続詞： **bilen**（と）、 **hem**（と、また）、 **we**（そして）、 **hemde**（及び）

例） Men   fizika   **bilen**   xémiye   ders-ni   yaxshi körimen.
     私は   物理   と   化学の   授業 -が   好きです。

     U   batur   **hem**   eqilliq   bala.
     彼は   勇敢で   そして   賢い   子供です。

     Qelem   **we**   qeghez.
     鉛筆   と   紙。

（2）選択接続詞：`yaki`（あるいは）、`ya`（か、あるいは）、`ne`（または）

例）

Tetil-de	men	Ghulja	**yaki**	Qeshqer-ge	barimen.
休み -に	私は	グルジャ	あるいは	カシュガル-へ	行きます。

Ular	bügün	**ya**	ete	kélidu.	（口語的、強調）
彼らは	今日	か	明日	きます。	

（3）原因接続詞：`shunglashqa`（だから）、`shuning üqün`（そのため）、`shunga`（したがって）、`chünki`（なぜなら）

例）

Ular	uturup	qoydi,	**shunglashqa**	baldur	ketti.
彼らは	負けて	しまいました、	だから	先に	帰りました。

Biz	choqum	utimiz,	**chünki**	biz	küchlük.
私達は	必ず	勝ちます、	なぜなら	私達は	強いです。

（4）逆接続詞：`biraq, emma, lékin`：（しかし、～が）

例）

Öy-de	oynisanglar	bolidu,	**biraq**	waqirmanglar.
家 -で	遊んで	よい、	しかし	騒がないでください（みんな）。

U	yaxshi	adem,	**lékin**	mukemmel	emes.
彼は	いい	人です	が	完璧	ではありません。

（5）条件接続詞：`eger`（もし）、`gerche`（例え）、`mubada`（もしも）

例）

Eger	ot kétip	qalsa,	ot öchürüsh orni-gha	melum	qilinglar.
もし	火事に	なったら、	消防署 -に	通報	してください（君達）。

Gerche	men	imtihan-din	ötelmisem-mu,	tiriship	baqay.
たとえ	私が	試験 -に	合格しなくて-も、	努力して	みたい。

13 感嘆詞 (Ündesh söz)

ウイグル語の感嘆詞は感動、感嘆、驚き、呼びかけ、応答を表す用語です。

ah!	┐	he'e	（はい、うん）
éx!	├ （あー！）	he	（ね）
ey!	┘	wayjan	（ああ）
hey	（お〜い）	oho	（おや、あら、まあ）

例)　**Ah!**　Néme　dégen　güzel　menzire.　………　（感動）
　　　あー！　なん　という　美しい　景色だ。

　　　Ey!　janijan　wetinim!　………………………………　（感動）
　　　あー！　愛する　祖国！

　　　Hey　ukam,　toxtang.　…………………………………　（呼びかけ）
　　　お〜い　弟よ、　待ってください。

　　　He'e,　men　bügün　barimen.　………………………　（肯定）
　　　はい、　私は　今日　行きます。

　　　Yaq,　undaq　emes.　………………………………………　（否定）
　　　いいえ、　そうでは　ありません。

　　　Wayjan,　béshim　aghrip　ketti.　……………………　（悲嘆）
　　　ああ、　　頭が　　痛く　　なった。

　　　Oho,　sen-mu　barkensen!　………………………………　（感嘆）
　　　おや、　君 -も　いたのか！

綴りに変化がみられる単語の例

現代ウイグル語は他の多くの言語にはみられないスピードで、いまも変化・改変が続いており、10年ほどで単語の綴りが変化するといったことがしばしばあります。同じ単語に複数の綴りが存在するのはこのためで、戸惑う方も多いと思います。

本書におけるウイグル語の単語の綴りは、2011年11月に新疆ウイグル自治区民族言語文字工作委員によりウルムチで発行された『詳解現代ウイグル語辞典』第二版に基づいています。これらの従来から使用されてきた単語のなかにも、濁音と清音の変化が見られるものがあり、その一部を右に挙げます。伝統的な綴りとその変化の理解に役立ててください。とくに [p] が [b] へと、[i] が [é] へと変化する傾向が多いです。

従来	現在（2011年以降）	
jhornal (zhornal)	jhulnal (zhulnal)	雑誌
jhornalist (zhornalist)	jhurnalist (zhurnalist)	ジャーナリスト
tebiy	tebi'iy	自然
aparat	apparat	器具、カメラ
ayaq	ayagh	靴
pochta-télégirap	pochta-télégraf	電信
atkiritka	atkritka	ハガキ
batari	bataréye	電池
ingilizche	inglizche	英語
purogiramma	pirogramma	プログラム
milyart	milyard	10億
michit	meschit	モスク
kitap	kitab	本
adris	adrés	アドレス
edibiyat	edebiyat	文学、国語学
hikaye	hékaye	物語、小説
belwagh	belbagh	帯
yimek	yémek	食べ物
igiz pes	égiz pes	高低
wida	wéda	別れ、決別
ertis	artis	芸術家、俳優／女優
emiliy	emeliy	実際の、実在の
zimin	zémin	領土、土地
ijtima'i	ijtima'iy	社会的、社会学
iqtisat	iqtisad	経済
kolliktip	kolléktip	集団
matiriyal	matériyal	服地、材料
qedimi	qedimiy	昔の、古代の
shaqiratma	sharqiratma	滝
jenup	jenub	南、南方
eyipkar	eyibkar	犯人
eyip	eyib	誤り、過失
hisap	hisab	勘定、清算
jawap	jawab	回答、返事、答え
chilek	chélek	水桶
semimi	semimiy	誠実な
chiraq	chiragh	明かり,灯火,ランプ
astiranom	astronom	天文学者
astiranomiye	astronomiye	天文学
welsipit	wélsipit	自転車
qosaq	qorsaq	お腹
kikirtek	kékirdek	喉
dimek	démek	つまり
digen	dégen	〜と思う、〜と言う
digendek	dégendek	言った通り
riyal	ré'al	現実的な

時にまつわる表現（Waqit）

● **時間**　「〜時」は、時計を意味する ［sa'et］ を数字の前に用いて表現します。

sa'et bir	1時	sa'et yette	7時	alte sékunt	6秒
sa'et ikki	2時	sa'et sekkiz	8時	on sekkiz sékunt	18秒
sa'et üch	3時	sa'et toqquz	9時	5 minut	5分
sa'et töt	4時	sa'et on	10時	20 minut	20分
sa'et besh	5時	sa'et on bir	11時	40 deqiqe ※	40分
sa'et alte	6時	sa'et on ikki	12時	besh yérim	5時半

※ 分は minut の代わりに、deqiqe（分、瞬間）が使われる場合もあります。

● **時間と分**　A時B分は、ウイグル語で「sa'et A-tin B」と表します。

sa'et on bir-din besh	11時5分	
sa'et besh-tin on minut <u>ötti</u>	5時10分<u>過ぎ</u>	【öt-mek（過ぎる、通る）】
sa'et yetti-ge üch minut <u>qaldi</u>	7時3分<u>前</u>	【qal-maq（残る）】
sa'et ikki-ge besh minut <u>qaldi</u>	2時5分<u>前</u>	

● **午前・午後の言い方**

<u>chüsh-tin burun</u> sa'et sekkiz	<u>午前</u>8時	
<u>chüsh-tin kéyin</u> sa'et töt	<u>午後</u>4時	【chüsh（正午）】

● **朝・昼・夜の言い方**

<u>etigen（seher）</u> sa'et alte	<u>朝</u>6時	
<u>chüsh</u> sa'et on ikki	<u>昼</u>12時	
<u>kech（kech qurun）</u> sa'et toqqoz	<u>夜</u>9時	【kech qurun（夕方）】

● **時間を尋ねるとき**　「sa'et qanche（何時）」、「sa'et qanchide（何時に）」を使います。

Hazir sa'et qanche boldi?	今、何時ですか？
Sa'et qanchi-de barimiz?	私達は何時に行きますか？

●月日

序数詞に "ay" を付け加えます。また、英語と同様に「January」に当たる言い方もあります。

birinchi ay	Yanwar	1月
Ikkinchi ay	Féwiral	2月
üchinchi ay	Mart	3月
tötinchi ay	April	4月
beshinchi ay	May	5月
altinchi ay	Iyun	6月

yettinchi ay	Iyul	7月
sekkizinchi ay	Awghust	8月
toqquzinchi ay	Séntebir	9月
oninchi ay	Öktebir	10月
on birinchi ay	Noyabir	11月
on ikkinchi ay	Dékabir	12月

※ 時に minut の代わりに、deqiqe（分、瞬間）が使われる場合もあります。

「○月○日」の表現は、2種類の言い方があります。

üchinchi ayning sekkizi.	3月8日
sekkizinchi Mart.	3月8日

●年・月・週・日

bu yil		今年
ötken yil		昨年
kéler yil		来年
bu ay		今月
ötken ay		先月
kéler (kéyingki) ay		来月
yéngi hepte	（新しい週）次の週	
hepte axiri	【axir（終わり）】	週末
hepte beshi	【bash（頭、初め）】	週明け

bu hepte	今週
ötken hepte	先週
kéler (kéyingki) hepte	来週
bügün	今日
tünügün	昨日
ete	明日
bayram küni	祝日
dem élish küni	休日
ish küni	平日

●曜日

heptining biri	düshenbe	月曜日
heptining ikkisi	seyshenbe	火曜日
heptining üchi	charshenbe	水曜日
heptining töti	peyshenbe	木曜日
heptining beshi	jüme	金曜日
heptining altisi	shenbe	土曜日
——	yekshenbe	日曜日

●季節

bahar (etiyaz)	春
yaz	夏
küz	秋
qish	冬
pesil	季節
töt pesil	四季

日本とウイグルの
懸け橋となった教科書

日本から遠く離れたウイグルの小学校の教科書に、日本の小学生の様子が出てくると聞いたら、びっくりしませんか。教科書に採用されたのは、著名な詩人であり新疆師範大学の教授でもあるアブドゥカディリ・ジャラリディン氏 ﺋﺎﺑﺪﯗﻗﺎﺩﯨﺮ ﺟﺎﻻﻟﯩﺪﯨﻦ の文章。石川県の大学で研修していた彼は、帰国後、日本での留学生活の体験をまとめた本を出版しています。この本が、ウイグルの教科書編集に携わってきた編集者の目にとまり、ウイグルの小学5年生の国語の教科書に掲載されたのです。教科書には、石川県能美市の小学生が毎朝の登校時に「おはようございます」と礼儀正しく挨拶する様子などを通して、日本の美点や心の豊かさに触れられています。タクラマカン砂漠のオアシス都市に住むウイグルの子供達が、日本の社会や文化の一端に触れ、親しみを感じてくれたと想像するとわくわくします。

ウイグル小学生用国語の教科書

この話には続きがあります。教科書を通して生まれたウイグルと日本の繋がりを知った私は、ぜひ教科書に出てきた地域の子供達にもこのことを知ってもらいたいと能美市に連絡。(もちろん当時の子供達は今は小学生ではありませんが)。なんと、舞台となった小学校や地元の振興会に招かれ、小学校で国際理解の特別授業を行ったり、地域の方へ向け講演をする機会をいただきました。そこでウイグルの教科書やウイグル文化などについてお話をさせてもらったことは、ウイグルに生まれ育ち、ウイグルと日本の大学で学び、今は日本で暮らす私にとって、大好きなふたつの文化を結ぶ小さな懸け橋のひとつとなれたのではないかと信じています。

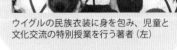

ウイグルの民族衣装に身を包み、児童と文化交流の特別授業を行う著者(左)

第4章

ウイグル語と日本語

木田 章義

（京都大学名誉教授）

　本書第3章の文法の説明で、ウイグル語と日本語の類似点は、ほぼ理解されていると思います。

---

①語順がほぼ日本語と同じです。

②ウイグル語には主格、目的格の助詞がありませんが、日本語の口語でも同じです。古代日本語でも主格、目的格の助詞はありませんでした。

③「である」「だ」に相当する動詞を必要としませんが、これも日本語の口語でも同じです。古代日本語でも同じです。

　日本語古文では「だ」や「である」にあたるのは「なり」ですが、この「なり」はもともと「〜に＋あり」が縮約してできたものですから、古くは断定の助動詞は存在していません。『枕草子』の「ありがたきもの、舅に褒めらる婿（在りがたいものは、舅に褒められる婿である）」も「私、学生」と同じ構造です。名詞で文章を終えるのが特殊なものでないことは昔からです。

　動詞の場合でも、三人称（彼、彼女）の場合には人称語尾が出てこないので、ほぼ日本語と同じになります。

```
U      ete       kitab    al-idu.
彼     あした     本       買う。

U      ete       kitab    al-maqchi.
彼     あした     本       買う-つもり。
```

複雑な文でもウイグル語の単語の下に日本語をあてていくと、だいたい日本語になります。

　U - ning　mektep - ke　bar - ghan - liq - i - ni　　hemmisi　bil - ishi　kérek.
　彼 - の　　　学校　　 - へ　行っ - た　 - こと - (指定詞) - を　みんな　　　知る - こと　 はず。
　（彼が学校へ行ったのをみんな知っているはず）

ここまで対応していると驚きますね。

　日本語は「活用」することが特色になります。「行く」には連体形があって、連体修飾の働きをしますが、ウイグル語では「活用」がなくて、すべて接辞で表現します。[bar-]に連体修飾接辞の[-ghan-]が付いて「行った〜」という連体修飾句になり、名詞化語尾の[-liq-]が付いて「行ったこと」になります。その後の[-i-]は指定詞で、[uning]（彼の）の連体修飾が及ぶ名詞に対して、そこまで掛かっていることを示すために[-i-]を接続させます。「（彼の）行ったこと（それ）」ということです。その名詞句に助詞の[-ni]が接続しています。[bil-ish]は、[bil-（知る）]に名詞化語尾の[-ish]が付いて「知ること」になり、その後に「必要」とか「はず」に当たる[kérek]が付いて、「知っているはず」の構文になります。

　上の文の[-ghan]は、もとは過去の連体修飾接辞ですが、これは現在では「終止形」としても用いられます（➡ P.191）。連体形が終止形に変化するのは、日本語でも同じです。

　日本語でも鎌倉時代までは連体形と終止形は別の形式でしたが、連体形が終止形の働きをする傾向が強くなり、やがて室町時代には終止形が消滅してしまいました。皆さんが習う古文には「二段活用」があり、その活用は、

未然形	連用形	終止形	連体形	已然形	命令形
捨て -	捨て -	捨つ。	捨つる	捨つれ	捨てよ

です。終止形と連体形が異なっています。ところがこの連体形が、終止形の働きをするようになって、室町時代には、

未然形	連用形	終止形	連体形	已然形	命令形
捨て -	捨て -	捨つる。	捨つる	捨つれ	捨てよ

のようになってしまいます。この現象を「終止形の消滅」と言います。つまり、これまでは「扇、捨つ」といっていたのを、「扇、捨つる」というようになったわけです。連体修飾句の[bar-ghan]が、終止形として使われるのと同じです。

また連体形がそのまま体言句になることも似ています。

U‑ning　　yaz‑ghan‑ni　　kör‑üng.
彼‑の　　　書い‑たの　‑を　　見てください。

のように［‑ghan］が付くとそれが名詞形になります。日本語でも古い言い回しですが「言うは易し」のように連体形の「言う」がそのまま名詞となっています（江戸時代初期から、「言うのは」のように「の」が必要になりました）。つまり、もとは連体形であったものが、名詞形としても使用され、終止形へと変化するという、歴史的な変化までウイグル語と日本語が似ているのです。

受身や使役についても似たところがあります。

日本語とウイグル語の「（靴を）磨かせられた」を比べてみると、

磨か　　　＋　　　せ　　　＋　　　られ　　　＋　　　た
（動詞）　　　（使役助動詞）　　（受身助動詞）　　（過去助動詞）

surt　　＋　　küz　　＋　　il　　＋　　di　　＋　　m
（動詞）　　　（使役語尾）　　（受身語尾）　　（過去接辞）　　（人称語尾）

のように、語尾・接辞の並ぶ順も同じです。こんなところも似ていることが分かりますね。

この［‑küz］は使役語尾ですが、他動詞語尾にもなります。［surt‑］（磨く）が［surt‑küz‑］（磨かせる）となって使役動詞ですが、［öt‑］（過ぎる）に同じ語尾が付くと、［öt‑küz‑］（通す）のように他動詞になります。日本語でも「行か・せる」は使役ですが、「合わ・せる」は他動詞になります。「合わす」という形もありますが、この「す」は古い使役助動詞です。ウイグル語の受身態語尾は自動詞語尾でもありますが（➡P.184）、日本語の受身助動詞（「る・らる」、現代語では「れる・られる」）も自動詞の語尾となります。「分ける」（古文「分く」）に対して、「分かれる」が自動詞、「分けられる」は受身となっています。「る」で終わる動詞には自動詞が多いのですが、その「る」は受身助動詞の「る」と共通した性格のものです。

＜相違点＞

　似ていないところもあります。一つは本編で学んだ「人称語尾」(➡ P.160) です。この人称語尾も古くから存在したという意見と、新しく発達したという意見の両方がありますが、アルタイ系言語にはほぼ人称語尾がありますので、そんなに新しいものではないでしょう。この人称語尾にあたるものが日本語にはありません。

　日本語では受身表現が発達しています。ウイグル語では話し言葉ではあまり使いません。例えば、日本語では「犬に噛まれた」はごく普通の表現ですが、ウイグル語では「犬が私を噛んだ」と表現します。我々が学校で習う「迷惑の受身」は、欧米語では受身表現ができない自動詞（「死ぬ」、「泣く」など）でも、日本語では受身表現が可能で、それが「迷惑な状況」を表しているため（「親に死なれた」「子供に泣かれた」）、「迷惑の受身」と呼ばれています。ところが最近ではさらにこの表現が発展してきて、受身表現で、「迷惑さ」を間接的に表現するようになっています。「ノートに書かれた」「親に会われた」のような表現は、書いて欲しくないのに書かれた、親に秘密にしているのに会われた、などの背景を感じます。ただ、最近ではウイグル語の文章語では受身表現はよく使われるようになっています。

　形容詞の性格も異なっています。ウイグル語ではそのまま名詞になり、副詞にもなります (➡ P.204)。

chirayliq	qiz.	gül-ler	chirayliq	échil-di.	chirayliq-ni	él-ing.
美しい	娘	花	美しく	咲い-た。	美しいの-を	取って下さい。

　現代日本語の形容詞は活用するようになって、名詞とはまったく異なった品詞になってしまいましたが、古い日本語では、語尾（接辞）「く、し、き」が接続するだけでした。平安時代頃に色々な表現が出てきて、活用するようになります。

　また、母音調和の現象は、アルタイ系言語には共通していますが、日本語には存在しません。しかし奈良時代の日本語には似た現象があります。古代語にはaとo (ö) の母音が、母音調和に似た相互関係をもっています。それを「上代特殊仮名遣」と呼びますが、長い説明が必要なので、ここでは省略します。

　この母音調和はトルコ系言語だけでなく、モンゴル語、満州語、そして朝鮮語にも存在しています。満州語や朝鮮語の場合にはかなり崩れてしまっていますが。日本語のaとo (ö) に分かれる現象もそのような母音調和の崩れてしまったものとも見えます。

　以上のように、現代日本語よりも古代日本語の方が、ウイグル語との共通点が多いといえます。

＜両言語の関係＞

　これだけウイグル語と日本語の文法の類型が似ているので、この二つの言語には何か関係があるはずだと感じてしまうでしょう。しかし現在のところ、両言語は同源とは解釈されていません。二つの言語が同源であることを証明するためには「音韻対応」という現象が存在しないといけないというのが、言語学の考え方です。

　「音韻対応」というのは印欧語族（インド・ヨーロッパ語族）の研究で編み出された方法で、同源である言語は音に体系的な対応があるというルールです。例えば「父」や「母」という基本語彙は以下のように、対応しています（サンスクリットは古代のインドの言葉で、印欧語族です）。

	父	母	兄弟	名前
サンスクリット	pitar	māter	bhrāta	nāman
ラテン語	pater	māter	frater	nōmen
英語	father	mother	brother	name

　英語やフランス語の話し手が、サンスクリットを学んだ時には、この対応にすぐに気づいたそうです。唇の音である [p] は [p][f] のような唇の音と対応し、[t] や [n] のような舌音は、やはり [t][d][n] のような舌音と対応するという原則です。それによって、サンスクリットというすでに亡んだ言語であっても、ラテン語との関係が証明できるわけです。ところがウイグル語と日本語を、古語まで含めて対照してみても、以下のようになって、

	父	母	兄弟	名前
ウイグル語	ata	ana	aka-ini（兄-弟）	isim
	dada	apa	acha-singil（姉-妹）	
日本語	titi	fafa	ani-oto	na
	kazo	irofa	ane-imo	

対応しているとは思えません。この「音韻対応」がないので、両言語は親戚関係がないことになります。

＜アルタイ系言語＞

　アルタイ系言語は「テュルク系言語」（ウイグル語、トルコ語、アゼルバイジャン語、カザフ語、キルギス語など）と「ツングース系言語」（モンゴル語、満州語、エベンキ語、ウデヘ語など）に大きく分かれますが、これらの言語の分布を地図上に見ると、たいへん興味深いものになります。朝鮮語も日本語も、「音韻対応」がないので、同系とはいわれませんが、文法構造はそっくりです。朝鮮語、日本語を含む場合には、「アルタイ系文法の言語」と遠回しの表現をとっています。

現在の「アルタイ系文法の言語」の分布図

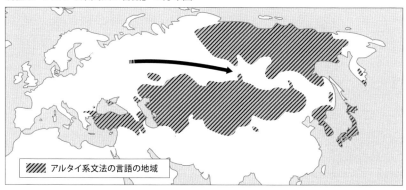

凡例：アルタイ系文法の言語の地域

　アルタイ系言語としてはトルコからモンゴルまで帯状に続いています。ロシア北東にはツングース系言語が広がっています。斜線部の分布を上下に分けている白色の帯はロシア語を話す地域です。つまりロシア人がシベリアを征服するために東へ東へと進んで行き、ロシア語が広がっていったのです。人類が移動した通り道に、その言語が広がっていくことが分かります。この帯はシベリア鉄道の沿線です。もとは南北の言語域は繋がっていたのです。それは朝鮮半島の根っこの地域まで広がっていました。それに接続して、同じ文法類型の朝鮮語、日本語と続くのですから、アルタイ系文法の帯は、トルコ、中央アジア、モンゴル、朝鮮半島を経て、日本にまで繋がっていたと見られます。

　印欧語は6000年くらいの歴史ですので、各言語が特徴を保存していたと思われますが、更に長い時間を経た場合には、どうなるのかは分かりません。

　興味深いのは、最近、エニセイ語（古シベリア語）の特殊な文法法則が、北アメリカ大陸の北西部のナ・デネ語と一致するといわれるようになっていることです。シベリア付近のモンゴロイドが、氷結したベーリング海を渡って、アメリカ大陸に移住していったことは認められています。最終の氷河期は2万5000年ほど前になり

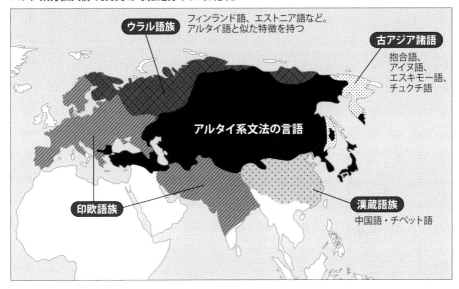

ロシア東方拡大前のおおまかな推定分布（17世紀頃）

ウラル語族

フィンランド語、エストニア語など。
アルタイ語と似た特徴を持つ

古アジア諸語

抱合語、
アイヌ語、
エスキモー語、
チュクチ語

アルタイ系文法の言語

印欧語族

漢蔵語族

中国語・チベット語

ますから、2万年ほど前に分かれた言語がシベリアと北アメリカ北西部に残っているということになります。悠遠な昔ですね。日本語とウイグル語もそんな古い時代には同じような言葉であった可能性はあります。

　余談ですが、日本人の男性のY遺伝子は、特殊な重複部をもっており、それはチベット人と中東地域の男性と共通していると言われています。人類の広がりは、アフリカから、中東に移り、そこから南北へと進んでいったのですが、中東で突然変異を起こした男性の子孫が、チベットと日本にまで進んで来たことは間違いないようです。これも果たして何万年前のことかは分かりませんが。

　ウイグル人は清潔な環境を好み、たいへんきれい好きです。40年ほど前、中国・西安で、ウイグル人の若者が共同生活をしている宿舎を訪問したことがあります。雑然とした中国式の通路を通り、彼等の部屋の扉を開けると、一気に雰囲気が変わりました。きれいに清掃され、片付けられ、テーブルには小さな敷物が敷かれて、花まで飾ってありました。私は母親か姉さんが掃除しているのかと尋ねましたが、若い男性たちが自分たちでやっているとのことでした。これは後にウイグル族の家を訪問したときも同じで、家が古くても、中は整頓され、綺麗に飾られていました。

　ウイグル人は、踊りや歌が好きで、明るく温和な人々です。是非、ウイグル語を学んで、片言でもウイグル語を話しながら、ウイグル文化を楽しんでください。

おわりに

　ウイグル文学が好きな私は、大学に入ってから、本格的に古代ウイグル文学、現代ウイグル文学、ウイグル語について学びました。新疆師範大学の教育方針に従い、大学や高校の教員となるための、ウイグル語学・文学の教育法を学びました。幸運に恵まれ、「新疆文学芸術連合会」の『新疆芸術』誌の記者・編集員となり、ウイグルの各地域で活躍している大学の研究者、文学者、芸術家などにインタビューし、彼らの業績をその雑誌を通じて広く伝えてきました。新時代に生まれた私たちが、それらの偉人達が残した知恵や業績をしっかりと受け止めて、次世代に伝えて行く事が私の使命と思いました。

　日本へ留学した夫に続いて、私も、京都大学大学院文学研究科（国語学国文学専修）の木田章義教授の研究室へ留学することができました。日本語をまったく学ばずに来日した私は、何よりも日本語を早く学ぶことが重要でしたが、日本語を学習しているうちに、日本語の文法が、ウイグル語の文法とかなり似ていることに気が付きました。語順だけでなく、助詞の種類や用法などが日本語に類似していたため、大変興味を持ち、修士課程では両言語の格助詞の比較研究を集中的に行い、修士論文にまとめました。

　また、日本で勉強している間に感じたことは、日本語で書かれたウイグル語文法の本がほとんど無いという不便さでした。ウイグル語や中央アジアに興味をもっている日本人や日本で生まれたウイグルの子供達のためにも、「ウイグル語教科書」は必要です。ウイグル語の入門書を作りたいという気持ちが強くなりました。そして、長年願ったことがようやく達成できました。

　本書には、会話文と文法説明以外に、簡単なウイグル語の歴史、ウイグル文化、ウイグルの名所などをまとめています。

　これからもウイグル語を学ぶ日本の方々が増えることを願っています。そしてウイグルと日本の友情が永遠に続いてほしいと願うばかりです。

　最後に、本書の編集にご協力いただいた元指導教官・木田章義先生に感謝いたします。また、編集や企画などに、多大なご助言とお教えを頂きました小西幸子氏、成田凜氏、アーク・コミュニケーションズの平澤香織氏・成田潔氏に、あらためて深い感謝の気持ちを表したいと思います。

　本書の作成には家族の協力と励ましが大変大きな支えとなりました。

阿依　サリタナ　Seltenet Iburahim

Special Thanks　本書の題字に「ウイグル語」という書道を提供していただいた Elqemjan Exmet 氏、ウイグル文化編に関連する一部の写真を提供していただいた Bilal Uyghur 氏、Shawket Nasir 氏、シルクロードタリムレストラン、そしてその他の方々に心より感謝を申し上げます。（動画撮影・編集）Dilyar Abdurehim 氏、Shatnur Perhat 氏

参考文献

●ウイグル語書籍

『ﺋﯘﻳﻐﯘﺭ ﻛﻼﺳﺴﯩﻚ ﺋﻪﺩﺑﯩﻴﺎﺕ ﺗﯩﺰﯨﺴﻠﯩﺮﻯ （維吾尔古典文学一覧)』ウイグル語版、1982 年 10 月、pp. 370 (カシュガル師範大学出版社)

『ﻫﺎﺯﯨﺮﻗﻰ ﺯﺍﻣﺎﻥ ﺋﯘﻳﻐﯘﺭ ﺗﯩﻠﻰ （現在維吾尔語)』ウイグル語版、1983 年 12 月第 1 版、ISBN：M9049、pp. 331 (民族出版社)

『ﺋﯩﻠﯩﻤﺒﻪ （知字課本)』ウイグル語版、1991 年 6 月第 2 版、ISBN：7-5370-1426-4、pp. 126 (新疆教育出版社)

『ﺋﯘﻳﻐﯘﺭ ﺋﯜﺭﭖ-ﺋﺎﺩﻩﺗﻠﯩﺮﻯ （維吾尔族習俗)』ウイグル語版、1996 年 8 月第 1 版、ISBN：7-5371-2309-8、pp. 226 (新疆青少年出版社)

『ﻫﺎﺯﯨﺮﻗﻰ ﺯﺍﻣﺎﻥ ﺋﯘﻳﻐﯘﺭ ﺗﯩﻠﻰ ﮔﺮﺍﻣﻤﺎﺗﯩﻜﺴﻰ （現在維吾尔語語法)』ウイグル語版、1996 年 9 月第 1 版、ISBN：7-228-02252-1、pp. 743 (新疆人民出版社)

『ﺑﯜﻳﯜﻙ ﺗﯩﻠﭽﻰ ﻣﻪﮪﻤﯘﺩ ﻗﻪﺷﻘﻪﺭﻯ （語言巨匠：麻赫穆徳・喀什噶里)』ウイグル語版、2000 年 8 月第 1 版、ISBN：7-228-05877-1、pp. 234 (新疆人民出版社)

『ﻛﯚﻳﻠﻪﺭ ﺧﺎﻧﺸﻰ — ﻣﻪﻟﯩﻜﻪ ﺋﺎﻣﺎﻧﯩﺴﺎﺧﺎﻥ （音楽皇后：阿曼尼薩汗)』ウイグル語版、2003 年 5 月第 1 版、ISBN：7-228-08014-9、pp. 121 (新疆人民出版社)

『ﺷﯩﻨﺠﺎﯕ ﭘﯧﺪﺍﮔﻮﮔﯩﻜﺎ ﺋﯘﻧﯟﯧﺮﺳﺘﯩﺘﻰ ﺋﯩﻠﻤﻲ ﮊﻭﺭﻧﯩﻠﻰ （新疆師範大学学報 社会科学版)』ウイグル語版、2010 年 12 月期刊、第二十五巻第四期、ISSN1007-8908、pp. 93、(新疆師範大学学報編集部)

『ﻫﺎﺯﯨﺮﻗﻰ ﺯﺍﻣﺎﻥ ﺋﯘﻳﻐﯘﺭ ﺗﯩﻠﯩﻨﯩﯔ ﺋﯩﺰﺍﮪﻠﯩﻖ ﻟﯘﻏﯩﺘﻰ （維吾尔語詳解辞典)』ウイグル語版、2011 年 11 月第 1 版、ISBN：978-7-228-13933-0、pp. 1446 (新疆人民出版社)

『ﺋﺎﺑﺪﯨﻘﺎﺩﯨﺮ ﺟﺎﻻﻟﯩﺪﺩﯨﻦ ﺋﯩﻨﮕﻠﯩﺴﯩﻴﻪﺩﻩ ﻛﯚﺭﮔﻪﻥ — ﺋﺎﯕﻠﯩﻐﺎﻧﻠﯩﺮﯨﻢ （存在的渇望)』ウイグル語音読、2014 年 12 月第 1 版、ISBN：978-7-88705-860-7 (民族音像出版社)

『100 ﻣﻪﺷﮫﯘﺭ ﺋﯘﻳﻐﯘﺭ 1-ﺗﻮﻡ （100 人のウイグル名人 第一集)』ウイグル語版、2017 年 12 月第 1 版、ISBN：978-605-68021-0-2 (TK)、pp. 454 (Sutuq bughraxan 出版社) イスタンブール、トルコ

『100 ﻣﻪﺷﮫﯘﺭ ﺋﯘﻳﻐﯘﺭ 2-ﺗﻮﻡ （100 人のウイグル名人 第二集)』ウイグル語版、2017 年 12 月第 1 版、ISBN：978-605-68021-0-2 (TK)、pp. 679 (Sutuq bughraxan 出版社) イスタンブール、トルコ

『ﺑﯩﺰﻧﯩﯔ ﺗﺎﺭﯨﺨﻲ ﻳﯧﺰﯨﻘﻠﯩﺮﯨﻤﯩﺰ (我達の歴史の文字)』 、ﻗﯘﺭﺑﺎﻥ ﯞﻩﻟﻰ 、ウイグル語版、1986 年 6 月第 1 版、ISBN：M11124-21、pp.262、(新疆青少年出版社)

『ﮪﯩﻜﻤﻪﺗﻠﯩﻚ ﺳﯚﺯﻟﻪﺭ (哲理名言)』 、ﮪﺎﺟﻲ ﻧﻪﺧﻤﻪﺕ ﻛﯚﻟﺘﯩﻜﯩﻦ،ﺋﺎﺑﺪﯗﺭﮪﻪﻣﭙﻪﻡ ﺳﺎﺑﯩﺖ 、ウイグル語版、1991 年 8 月第 1 版、ISBN：7-105-02767-3、pp.331、(民族出版社)

『ﻫﺎﺯﯨﺮﻗﻰ ﺯﺍﻣﺎﻥ ﺋﯘﻳﻐﯘﺭ ﺗﯩﻠﻰ (現在維吾尔語)』 、ﺑﻪﻛﺮﻯ ﺳﯩﺒﯩﺖ 、ウイグル語版、1995 年 8 月第 1 版、ISBN：7-228-03410-4、pp. 158、(新疆人民出版社)

●日本語書籍

『ウイグル語入門 文法と会話 (Uyghur Tili Grammatikisi)』戸部実之著 (泰流社)

『現代ウイグル語四週間 (ﺗﯚﺕ ﮪﻪﭘﺘﯩﻠﯩﻚ ﻫﺎﺯﯨﺮﻗﻰ ﺯﺍﻣﺎﻥ ﺋﯘﻳﻐﯘﺭ ﺗﯩﻠﻰ)』竹内和夫著 (大学書林)

『アジアの語学書シリーズ・4 ウイグル語辞典 (ﺋﯘﻳﻐﯘﺭﭼﻪ — ﻳﺎﭘﻮﻧﭽﻪ ﻟﯘﻏﻪﺕ)』飯沼英二著 (穂高書店)

『ウイグル語常用単語 (ﺋﯘﻳﻐﯘﺭﭼﻪ — ﻳﺎﭘﻮﻧﭽﻪ ﺳﯚﺯﻟﯜﻙ)』日本シルクロード倶楽部・編 (日本シルクロード倶楽部)

『シルクロード・ウイグル族の音楽 その歴史と現在』鷲尾惟子著 (アルテスパブリッシング)

『現代ウイグル語小辞典 (ﺋﯘﻳﻐﯘﺭﭼﻪ-ﻳﺎﭘﻮﻧﭽﻪ ﺳﯚﺯﻟﯜﻙ)』、菅原純、2009 年 2 月、pp.742、東京外国語大学アジア・アフリカ言語文化研究所。

阿依 サリタナ　Seltenet Iburahim

ウルムチ生まれ。京都大学文学修士（国語学国文学専修）。
1988年から1993年まで、新疆師範大学・ウイグル語文学を専攻。卒業後、新疆文学芸術連合会「新疆芸術」雑誌の編集部に勤務。1994年北京大学・ロシア言語専攻で1年間研修。1996年に来日し、2年間の京都大学大学院研究生を経て、1998年修士課程（国語学国文学専修）に入学、「ウイグル語と日本語の対照的研究」を行う。修士論文は「ウイグル語と日本語との格助詞の共通点と相違点」。修士課程修了後、木田章義教授（当時）の主催する「五言語共通文法作成班（日本語、ウイグル語、シボ語、モンゴル語、朝鮮語）」の研究チームに参加。
1998年京都にて「天山文化交流協会」を設立し、ウイグル各地域の小学生へ奨学金を提供。クチャ県に"Saybagh 希望小学校"の設立に協力。2004年から現在まで、埼玉県国際交流協会の外国人派遣教師、教育顧問。2016年から Tokyo Gem Science 社に勤務。

木田 章義　Kida Akiyoshi

1950年大阪生まれ。京都大学卒業（国語学国文学専攻）、同大学院修了。梅花女子大学、京都府立大学、京都大学に勤務。現在、京都大学名誉教授。専門は国語学（日本語の歴史）。
共著：『千字文』(1984年、岩波書店)、『毛詩抄』(1996年、岩波書店)
編著：『国語史を学ぶ人のために』(2013年、世界思想社)
論文：「日本語起源論の整理」(『日本語の起源と古代日本語』京都大学文学研究科編、2015年、臨川書店)、「活用形式の成立と上代特殊仮名遣」(1988年、『国語国文』57-1)

編集　小西幸子、株式会社アーク・コミュニケーションズ（平澤香織、成田潔）
写真　阿依アヒマディ、Shutterstock、AdobeStock、ウィキメディア・コモンズ (Wikimedia Commons)、大村次郷『写真集シルクロード絲綢之路 (2) 天山南路・天山北路』(NHK出版) P.22
装丁・デザイン　小西幸子（始祖鳥スタジオ）

ウイグル語 Uyghur Tili

2023年10月15日　初版発行

著　者　　阿依　サリタナ

発行所　　アーク・コミュニケーションズ出版部
　　　　　〒162-0843　東京都新宿区市谷田町2-23 第2三幸ビル
　　　　　https://www.ark-gr.co.jp

発売元　　学術研究出版
　　　　　〒670-0933　姫路市平野町62
　　　　　TEL.079-222-5372　　https://arpub.jp

印刷・製本　小野高速印刷株式会社

https://www.youtube.com/
@Uyghurtili

本書第2章のLessonは、
YouTube動画と連動し
ています。

© Seltenet Iburahim, 2023　　　　　Printed in Japan
落丁・乱丁の場合はお取り替えいたします。
ISBN　978-4-911008-22-5
※本書の一部または全部を著作権法で定められている範囲を超えて、無断で複写、複製、転載、スキャン、デジタルデータ化することを禁じます。代行業者などの第三者によるデジタルデータ化は、個人や家庭内の利用であっても著作権法上認められていません。